BARTMANNS GENIALE
ENGLISCHSTUNDE

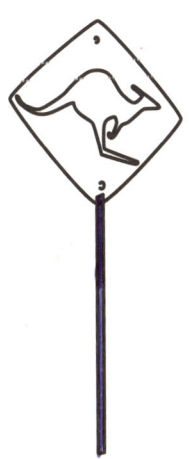

BARTMANNS GENIALE ENGLISCHSTUNDE

MIT 15 EINFACHEN TRICKS DIE MOTIVATION STEIGERN UND BESSERE NOTEN SCHREIBEN

AB JETZT MACHT VOKABELN LERNEN SPASS!

riva

Bibliografische Information der Deutschen Nationalbibliothek
Die Deutsche Nationalbibliothek verzeichnet diese Publikation in der Deutschen National-
bibliografie; detaillierte bibliografische Daten sind im Internet über http://d-nb.de abrufbar.

Für Fragen und Anregungen
info@rivaverlag.de

Wichtiger Hinweis
Ausschließlich zum Zweck der besseren Lesbarkeit wurde auf eine genderspezifische Schreibweise sowie eine Mehrfachbezeichnung verzichtet. Alle personenbezogenen Bezeichnungen
sind somit geschlechtsneutral zu verstehen.

Originalausgabe
1. Auflage 2021
© 2021 by riva Verlag, ein Imprint der Münchner Verlagsgruppe GmbH
Türkenstraße 89
80799 München
Tel.: 089 651285-0
Fax: 089 652096

Unter Mitarbeit von Amie Mignatti
Redaktion: Silke Panten, Peter Peschke
Umschlaggestaltung: Karina Braun
Umschlagabbildung: Harry Schnitger
Illustrationen: Laura Osswald
Layout: Manuela Amode
Satz: Daniel Förster, Belgern
Druck: CPI books GmbH, Leck
Printed in Germany

ISBN Print 978-3-7423-1751-3
ISBN E-Book (PDF) 978-3-7453-1454-0
ISBN E-Book (EPUB, Mobi) 978-3-7453-1455-7

Wir produzieren
nachhaltig
www.m-vg.de

Weitere Informationen zum Verlag finden Sie unter

www.rivaverlag.de

Beachten Sie auch unsere weiteren Verlage unter www.m-vg.de

Inhalt

Vorwort

Hallo, ich bin Bartmann! Vielleicht kennst du mich von irgend-woher? Nicht? Dann schlage ich vor, dass ich mich einfach kurz mal vorstelle: Der Name ist Bartmann. Herr Bartmann. Ich bin Englischlehrer an einer internationalen Schule in Berlin. Ur-sprünglich komme ich aus „Down Under", also aus Australien. Ich lebe seit über fünf Jahren in Berlin und versuche, mein Deutsch jeden Tag zu verbessern. Ich habe auch einen gepflegten Bart (meistens zumindest, haha!).

Du weißt immer noch nicht, wer ich bin? Okay, so berühmt bin ich auch nicht. Aber ich mache lustige Videos und poste sie auf TikTok. Aha, jetzt kennst du mich? Cool, das freut mich!

In den Kommentaren zu meinen TikTok-Videos lese ich häufig: „Ich wünschte, du wärst mein Lehrer." Also dachte ich mir, es wäre total cool, alle Kinder zu unterrichten, die mir folgen (und sogar die, die es nicht tun). Es müsste doch einen Weg geben, das zu tun – und plötzlich hatte ich die Idee: Ich müsste ein Buch schreiben! Auf diese Weise könnte ich euch alle erreichen. Ich könnte euch Englisch beibringen und gleichzeitig meine Reiseabenteuer durch Europa teilen.

Gesagt, getan: In diesem Buch erzähle ich 15 meiner lustigsten Reiseabenteuer. Zuerst auf Englisch, dann auf Deutsch (fast wortwörtlich, falls du auf Englisch etwas nicht verstanden hast). Dann folgen ein paar Vokabeln, die du in meiner Geschichte kennengelernt hast und die im Text jeweils gefettet sind, sowie ein Erklärungsteil, der sich um ein bestimmtes grammatikalisches Thema dreht, und am Schluss wartet ein kleiner Übungsteil auf dich, in dem du dein neu erlerntes Wissen testen kannst. Die Antworten findest du übrigens ab S. 238.

Wenn du das hier liest, danke ich dir! Danke, dass du dich für *Bartmanns geniale Englischstunde* entschieden hast. Wenn du bis zum Ende durchhältst, verspreche ich dir, dass du eine Menge Englisch lernen wirst und dich wie ein Teil der Klasse fühlst!

Also, was sagst du? Komm und schließ dich der Bartgang an und lass uns gemeinsam auf dieses Abenteuer gehen.

1

On the tracks of Harry Potter in London

London always seemed a little like a **fairytale** to me. It's where Harry Potter comes from! I'm a huge Harry Potter fan. I have read all of the books and seen the films. When I was 12, I **imagined** that I, too, would be taken to Hogwarts, the **castle** where students go to learn **witch-craft** and **wizardry**. I had so many dreams about being a wizard.

While I was in London I planned to visit Harry Potter's Warner Bros. Studios. This is where they **filmed** many of the movies. Maybe I would try some Bertie Botts Beans, a chocolate frog, or even a butter beer! There was so much to do.

Everything I wanted to see was here! There was a lot of really cool stuff. I walked through Diagon Alley, saw the train that takes students to Hogwarts, caught a **glimpse** inside Gringotts Bank, and saw a **massive** model of the entire castle of Hogwarts.

I **decided** to make a TikTok video of the many things I saw at the studio. I put all of the clips together that I had made (including the one of myself trying a butter beer) and added a backing track. Easy!

My day at Hogwarts was done. It was so much fun. I saw a lot of the things I had always dreamed of.

However, there is so much more to see and do in this **amazing** city. Maybe I'll **hang around** a bit longer and go on the London Eye – which is the biggest Ferris wheel in all of Europe. Maybe I'll go on a city biking tour through the many **nooks** and **crannies** of the city. I don't know yet.

What would you do in London? Are there a lot of things you would like to see?

Auf den Spuren von Harry Potter in London

London kam mir schon immer ein wenig wie ein **Märchen** vor. Es ist der Ort, wo Harry Potter herkommt! Ich bin ein großer Harry-Potter-Fan. Ich habe alle Bücher gelesen und die Filme gesehen. Als ich 12 Jahre alt war, **stellte** ich mir **vor**, dass auch ich nach Hogwarts kommen würde, dem **Schloss**, in dem die Schüler **Hexerei** und **Zauberei** lernen. Ich hatte so viele Träume davon, ein Zauberer zu sein.

Als ich in London war, nahm ich mir vor, die Warner Bros. Studios von Harry Potter zu besuchen. Hier **drehten** sie viele der Filme. Vielleicht würde ich ein paar Bertie Botts Bohnen, einen Schokofrosch oder sogar ein Butterbier kosten! Es gab so viel zu tun.

Alles, was ich sehen wollte, war hier! Es gab eine Menge wirklich cooler Sachen. Ich bin durch die Winkelgasse gelaufen, habe den Zug gesehen, der die Schüler nach Hogwarts bringt, habe einen **Blick** in die Gringotts Zaubererbank geworfen und ein **riesiges** Modell des gesamten Schlosses von Hogwarts gesehen.

Ich **entschied**, ein TikTok-Video von den vielen Dingen zu machen, die ich im Studio gesehen habe. Ich fügte alle Clips, die ich gemacht hatte, zusammen (einschließlich desjenigen, in dem ich ein Butterbier probiere) und fügte einen Backingtrack dazu. Total einfach!

Mein Tag in Hogwarts war geschafft. Es hat so viel Spaß gemacht. Ich habe viele der Dinge gesehen, von denen ich immer geträumt hatte.

Aber es gibt noch so viel mehr zu sehen und zu tun in dieser **erstaunlichen** Stadt. Vielleicht werde ich etwas länger hier **bleiben** und mit dem London Eye fahren – das ist das größte Riesenrad in ganz Europa. Vielleicht mache ich eine Fahrradtour durch die vielen **Ecken** und **Winkel** der Stadt. Ich weiß es noch nicht.

Was würdest du in London machen? Gibt es viele Dinge, die du gerne sehen würdest?

Vokabeln

Nomen | *nouns*

Englisch	Deutsch
fairytale	Märchen
castle	Schloss
witchcraft	Hexerei
wizardry	Zauberei
glimpse	Blick
nook	Ecke
cranny	Winkel

Verben | *verbs*

Englisch	Deutsch
(to) imagine	vorstellen
(to) film	drehen
(to) decide	entscheiden
(to) hang around	rumhängen, bleiben

Nomen | *nouns*

Willkommen im Englischunterricht der etwas anderen Art. Eine Sprache zu lernen, kann zwar eine Menge Spaß machen, doch es kann auch schwierig sein. Meine Aufgabe ist es, das Englischlernen für dich lustig *und* einfach zu machen. Also, fangen wir am besten ganz von vorn an, das kann nie verkehrt sein.

Eine Sprache basiert (logisch) auf Wörtern. Ohne Wörter könnten wir nicht kommunizieren – und das würde überhaupt keinen Spaß machen!

Beginnen wir mit den Nomen. Ein Nomen (oder auch Substantiv oder Hauptwort) bezeichnet eine Person, einen Ort oder einen Gegenstand. Nomen werden im Englischen nicht großgeschrieben, es sei denn, es handelt sich um Eigennamen oder sie beginnen einen Satz. Nomen gibt es im Singular (Einzahl) oder im Plural (Mehrzahl).

Der Plural von Nomen kann regelmäßig oder unregelmäßig gebildet werden. Eigennamen, die auch zu den Nomen gehören, haben keinen Plural. Ich werde das Ganze so für dich aufschlüsseln, dass du es gut verstehst.

Regelmäßige Nomen

Um die Mehrzahl von einem regelmäßigen Nomen – auf Englisch: *regular nouns* – zu bilden, fügst du ein „s" am Ende des Wortes hinzu. Diese Nomen werden nicht großgeschrieben, außer sie stehen am Satzanfang.

Singular	Plural
book	book**s**
Buch	*Bücher*
dream	dream**s**
Traum	*Träume*
movie	movie**s**
Film	*Filme*

Bei regulären Nomen, die mit den Buchstaben „s", „ss", „sh", „ch", „x" oder „z" enden, musst du am Ende ein „es" hinzufügen, um sie in den Plural zu verwandeln.

Singular	Plural
bus	bus**es**
Bus	*Busse*
glass	glass**es**
Glas	*Gläser*
bush	bush**es**
Strauch	*Sträucher*
beach	beach**es**
Strand	*Strände*
box	box**es**
Schachtel	*Schachteln*

So weit, so verständlich? Machen wir weiter mit den Eigennamen.

Eigennamen

- Ein Eigenname – *proper noun* auf Englisch – bezeichnet eine bestimmte Person, einen Ort oder ein Objekt.
- Eigennamen werden nicht in den Plural gesetzt.
- Sie werden immer großgeschrieben.
- Sie haben kein „a", „an" oder „the" vor sich.
- Eigennamen sind zum Beispiel Personennamen, Buch- und Filmtitel, Namen von Unternehmen, Restaurants und Autos.

Beispiele:

Okay, jetzt, da wir das wissen, können wir weitermachen. Als Nächstes stelle ich dir die unregelmäßigen Nomen vor.

Unregelmäßige Nomen

Genau wie die regelmäßigen Nomen ändern sich die unregelmäßige Nomen *(irregular nouns)* nur in der Pluralform. Das macht es ein bisschen einfacher. Wenn du die unregelmäßigen Nomen kennst und weißt, wie man sie richtig benutzt, bist du fast schon ein richtiger Englischprofi.

Unregelmäßige Nomen sind Nomen, die nicht einfach so in die normale Struktur passen. Ich finde das ziemlich cool. Im Grunde ist das wie bei uns Menschen: Wir sind auch nicht alle gleich, und doch hat jedes einzigartige Individuum unter uns seinen Platz.

Nomen, die auf „y" enden

Gehen wir noch einmal einen Schritt zurück. Weißt du noch, was Vokale und Konsonanten sind?

Vokale sind die Buchstaben a, e, i, o und u. Man nennt sie auch Selbstlaute.

Alle anderen Buchstaben sind Konsonanten. Also b, c, d, f, g, h, j, k, l, m, n, p, q, r, s, t, v, w, x, y, z.

Und wie bilden wir den Plural von Wörtern, die auf „y" enden?

- Wenn der letzte Buchstabe eines Nomens ein „y" ist und der vorletzte ein Vokal, dann wird der Plural gebildet, indem man einfach ein „s" an das Wort anhängt. Du behandelst diese Nomen also genau wie die regelmäßigen Nomen.
- ABER: Wenn der letzte Buchstabe eines Nomens ein „y" ist und der vorletzte ein Konsonant, dann wird der Plural gebildet, indem man zuerst das „y" in ein „i" ändert und dann ein „es" an das Wort anhängt.

Also:

Singular	Plural
ra**y**	ra**ys**
Strahl	*Strahlen*
alle**y**	alle**ys**
Gasse	*Gassen*

Aber:

Singular	Plural
cit**y**	cit**ies**
Stadt	*Städte*
bod**y**	bod**ies**
Körper	*Körper*
bab**y**	bab**ies**
Baby	*Babys*

Keine Angst: Beim Sprechen hörst du keinen Unterschied zwischen „Babys" (so lautet der Plural im Deutschen) und „babies", aber beim Schreiben musst du darauf achten. Ich möchte, dass aus dir einer der klügsten Englischschüler aller Zeiten wird – deshalb ist es wichtig, diese Regeln zu lernen!

Nomen, die auf „f" und „fe" enden

Okay, für diese Nomen müssen wir *wirklich* ein paar Dinge ändern. Aber wenn man das einmal raushat, macht es Spaß!

- Um ein Nomen, das auf „f" endet, in den Plural zu setzen, ändere das „f" in ein „v" und füge dann „es" hinzu.
- Wenn ein Nomen auf „fe" endet, ändere das „f" in ein „v" und füge ein „s" hinzu und schon hast du den Plural.

Singular	Plural
lea**f**	lea**ves**
Blatt	*Blätter*
loa**f**	loa**ves**
Laib	*Laibe*
kni**fe**	kni**ves**
Messer	*Messer*
li**fe**	li**ves**
Leben	*Leben*

Nomen, die im Plural Vokale ändern

Aus irgendeinem historischen Grund gibt es Nomen, die sich im Plural total verändern. Du wirst vermutlich nie erfahren, warum das so ist, und das ist okay, denn du kannst immer sagen: Bartmann weiß es auch nicht. Das Beste, was du daher tun kannst, ist, sie auswendig zu lernen. Ich weiß, dass du eine Menge Platz in deinem Gehirn hast!

Hier sind einige Nomen, die sich komplett verändern. Die meisten Leute, die Englisch lernen, machen den Fehler, diese Wörter wie regelmäßige Nomen zu behandeln.

Singular	Plural
foot	**feet**
Fuß	*Füße*
tooth	**teeth**
Zahn	*Zähne*
man	**men**
Mann	*Männer*
woman	**women**
Frau	*Frauen*

Die meisten Leute machen den Fehler, diese Wörter in eine reguläre Pluralform zu setzen.

Von jetzt an wirst *du* das aber nicht mehr tun, oder? Denn jetzt weißt du, wie es richtig geht. Und Wissen ist die halbe Miete!

ACHTUNG!

Denk dran, es heißt nicht „mans" oder „feets" – was ich oft von Leuten höre, die Englisch lernen. Aber das ist falsch. Richtig ist „men" und „feet". Hast du dir gemerkt? Glückwunsch, dann hast du schon was gelernt!

Es gibt noch andere spannende Beispiele für Nomen, die im Plural ganz anders aussehen als im Singular:

Singular	Plural
mouse	mice
Maus	*Mäuse*
child	children
Kind	*Kinder*
person	people
Person	*Personen*

Vorbei sind die Zeiten, in denen du vielleicht aus Versehen „childrens" und „peoples" gesagt hast. Ein Hoch auf das Lernen!

Nomen, die sich im Plural nicht ändern

Es gibt einige Nomen, die sowohl im Singular als auch im Plural gleich bleiben. Die meisten dieser Wörter sind Tiere. Fallen dir noch andere ein, die nicht auf dieser Liste stehen?

sheep	*Schaf*
deer	*Hirsch*
fish	*Fisch*
clothes	*Kleidung*

Genau: Der Plural von „fish" ist „fish" – nicht „fishes". Und der Plural von „clothes" ist – „clothes"! Und manche Wörter – so wie „clothes" – gibt es nur im Plural. Das kommt dir vielleicht erst mal komisch vor, aber im Deutschen ist es genauso: Bevor du morgens in die Schule gehst, ziehst du deine Kleidung an. Aber: „Ich ziehe *ein* Kleidung an" – da merkst du sofort, dass es falsch ist. (Im Deutschen lösen wir das Problem, indem wir „ein Kleidungsstück" sagen.)

Wow! Das war eine Menge Lernstoff. Mach dir keine Sorgen, wenn du das Kapitel noch mal lesen musst, um alles zu verstehen. Es ist vollkommen okay, sich Zeit zu nehmen. Vielleicht hast du schon mal den Spruch „Gut Ding will Weile haben" gehört. Der trifft definitiv auch auf das Lernen einer Sprache zu.

Übung

Jetzt kennst du meine kleine London-Geschichte, und du hast etwas über Nomen gelernt. Nun ist es an der Zeit, das Gelernte zu üben.

„Übung macht den Meister" ist ein Spruch, den du bestimmt schon mal gehört hast. Und es stimmt! Wenn du willst, dass dein Englisch richtig gut wird, dann musst du üben, üben, üben. Je mehr du übst, desto besser wirst du werden.

Mir ging es da nicht anders! Du kennst doch meine TikTok-Videos, oder? (Ich hoffe, du sagst jetzt: „Ja, Bartmann!") Nun, als ich nach Deutschland kam, sprach ich kein bisschen Deutsch. Ich musste deine Sprache von Grund auf lernen. Und ob du es glaubst oder nicht: Deutsch zu lernen ist noch viel schwerer, als Englisch zu lernen. Ich lernte Deutsch, indem ich so viel wie möglich übte, und ich habe mich mit so vielen Menschen wie möglich auf Deutsch unterhalten.

Sicher, am Anfang war das manchmal peinlich, weil ich viele Wörter nicht kannte und vieles durcheinanderbrachte – auch die deutsche Grammatik war anfangs nicht gerade mein Freund. Aber ich habe es geschafft. Und weißt du, was? Ich lerne immer noch. Jeden einzelnen Tag. Ich finde es nicht schlimm, wenn ich Fehler mache. Fehler gehören einfach dazu, wenn man eine Sprache lernt. Und weißt du, was noch dazugehört? Spaß! Fehler können total lustig sein. Du darfst darüber lachen, und es ist okay, wenn die anderen auch lachen. Das Tolle ist, das dein Gehirn sich die Fehler merkt. Vielleicht machst du denselben Fehler ein paarmal, aber irgendwann macht es klick, und du hast verstanden, wie es richtig geht. Darum geht es ja beim Lernen: Du erfährst etwas, was du vorher nicht gewusst hast.

Also, los geht's!

Ich möchte, dass du ALLE Nomen einkreist, die du in meiner London-Geschichte (S. 11) findest. Jawohl, ALLE. Ein kleiner Tipp von mir: Einige Nomen sind bereits in der Vokabeltabelle aufgeführt. Dort habe ich all die Wörter aufgelistet, von denen ich dachte, dass du sie bestimmt noch nicht kennst. Aber im Text findest du noch mehr.

Nachdem du alle Nomen eingekreist hast, schreibe sie in die Tabelle auf der nächsten Seite. Wenn in meinem Text ein Wort vorkommt, das im Singular steht, dann trage es unter „Singular" ein und schreibe unter „Plural" den Plural auf. (Klingt logisch, oder?) Wenn ich in meinem Text das Wort im Plural verwende, dann machst du es umgekehrt. Und wenn ein Nomen mehrmals in der Geschichte vorkommt, dann schreibst du es auch mehrmals in die Tabelle.

Wenn du dir nicht sicher bist, dann schaue einfach noch mal in die Grammatikregeln. Denke daran, dass Eigennamen keinen Plural haben. Schreibe dann unter Plural einfach „none" auf.

Bist du bereit? Los geht's!

Ich übernehme die ersten drei für dich, um dir zu zeigen, wie es geht.

Singular	Plural
track	tracks
Harry Potter	------
London	------

2 ✩ ✱

Let's make a
TikTok video

Sometimes when I'm on the road and need a **break**, I just **pull** the van **over** and decide, "I'm going to make a TikTok video." That's the beauty of this app, it's so simple and easy to do. That's also why traveling in my van is fun, I can stop **whenever** and **wherever** I want to.

I had an idea – I would make a TikTok vlog! I thought about what I had done in the morning. I had gone **hiking** to a huge waterfall. It was really **incredible**. The waterfall would be a great spot to shoot my vlog.

I went back down to the waterfall. I followed the trail and climbed on top of a big rock to get a great **view** of the waterfall. Near a big tree I saw a mouse **pop** its head **out** of a hole in the ground. I also saw a squirrel running across the **field**. Too bad I didn't get the two of them on camera!

The waterfall was so big that it made a rainbow in the sunshine. This was the perfect shot for my vlog. I stood in front of the waterfall. I made sure the light and the **frame** were perfect for the shot.

After a few quick **takes**, I was done. It was very easy. I now needed a **title** and **caption** for the video. "My Awesome Vlog" sounded just right. I liked making vlogs. I think I will do vlogs more often in the future. It's a great opportunity to share your adventures with people from all over the world.

The only question now is – what am I going to do with the rest of my day? I think I will look for some more spots to make vlogs. It was so much fun doing the first one!

Lass uns ein TikTok-Video machen

Manchmal wenn ich unterwegs bin und eine **Pause** brauche, **halte** ich einfach den Van **an** und entscheide: „Ich mache jetzt ein

TikTok-Video." Das ist das Schöne an dieser App, es geht so einfach und leicht. Das ist auch der Grund, warum das Reisen in meinem Van so viel Spaß macht, ich kann anhalten, **wann immer** und **wo immer** ich will.

Ich hatte eine Idee – ich würde einen TikTok-Vlog machen! Ich dachte an das, was ich am Morgen gemacht hatte. Ich war zu einem riesigen Wasserfall **gewandert**. Es war wirklich **unglaublich**. Der Wasserfall wäre ein großartiger Ort, um meinen Vlog zu drehen.

Ich ging wieder hinunter zum Wasserfall. Ich folgte dem Pfad und kletterte auf einen großen Felsen, um eine tolle **Aussicht** auf den Wasserfall zu bekommen. In der Nähe eines großen Baumes sah ich eine Maus, die ihren Kopf aus einem Loch im Boden **herausstreckte**. Ich sah auch ein Eichhörnchen über das **Feld** rennen. Schade, dass ich die beiden nicht vor die Kamera bekommen habe!

Der Wasserfall war so groß, dass er im Sonnenschein einen Regenbogen bildete. Das war die perfekte Aufnahme für meinen Vlog. Ich stellte mich vor den Wasserfall. Ich stellte sicher, dass das Licht und der **Rahmen** perfekt für die Aufnahme waren.

Nach ein paar schnellen **Aufnahmen** war ich fertig. Es war ganz leicht. Jetzt brauchte ich noch einen **Titel** und eine **Beschreibung** für das Video. „Mein fantastischer Vlog" klang genau richtig. Ich denke, ich werde in Zukunft mehr davon machen. Es ist eine tolle Möglichkeit, deine Abenteuer mit Menschen aus der ganzen Welt zu teilen.

Die einzige Frage jetzt ist: Was mache ich mit dem Rest meines Tages? Ich denke, ich werde mich nach weiteren Plätzen umsehen, um Vlogs zu machen. Es hat so viel Spaß gemacht, diesen ersten zu machen!

Vokabeln

Nomen | nouns

Englisch	Deutsch
break	Pause
view	Aussicht
field	Feld
frame	Rahmen
take	Aufnahme
title	Titel
caption	Beschreibung

Verben | verbs

Englisch	Deutsch
(to) pull over	anhalten
(to) hike	wandern
(to) pop out	herausstrecken

Adjektive | adjectives

Englisch	Deutsch
incredible	unglaublich, großartig

Konjunktionen | conjunctions

Englisch	Deutsch
whenever	wann immer
wherever	wo immer

Artikel | *articles*

Bist du bereit für die nächste Grammatik-Lektion? Na, dann los! In diesem Kapitel werde ich von meinen Ausflügen in die freie Natur berichten, um dir auf diese Weise alles beizubringen, was du über Artikel wissen musst. Hast du über Artikel schon was in der Schule gelernt? Und wenn ja: Weißt du noch, was Artikel sind?

Ein Artikel ist ein Wort, das festlegt, ob ein Nomen spezifisch oder unspezifisch ist. Spezifisch bedeutet, dass es um etwas ganz Bestimmtes geht. Unspezifisch bedeutet, dass es um etwas Allgemeines geht.

Artikel sind wichtig, denn diese kleinen Wörter geben uns viele Hinweise zu dem, worüber wir sprechen! Ohne sie wäre unsere Kommunikation chaotisch und unklar.

Also … lass uns lernen. Beginnen wir mit den unbestimmten Artikeln.

Unbestimmte Artikel

Ein unbestimmter Artikel *(indefinite article)* bezieht sich auf unbestimmte Nomen. Er zeigt an, dass sich ein Nomen auf etwas Allgemeines und nicht auf eine ganz bestimmte Sache bezieht.

Den unbestimmten Artikel gibt es in zwei Formen: „a" und „an".

Unbestimmte Artikel werden nur im Singular verwendet.

a

Wir benutzen „a" vor einem Nomen, das mit einem Konsonanten beginnt. Wir haben die Konsonanten im letzten Kapitel besprochen. Wenn du dich nicht mehr erinnern kannst, schau einfach noch mal auf S. 18 nach.

Beispiele:

- a desk
- a boy
- a computer

Schauen wir uns nun einige Beispiele an, bei denen wir „a" als unbestimmten Artikel verwenden:

Please bring me a blue pen from my desk.
Bitte bring mir einen blauen Stift von meinem Schreibtisch.

Ich möchte *irgendeinen* blauen Stift haben. Ich frage nicht nach einem ganz bestimmten blauen Stift.

I would like a sandwich for dinner.
Ich hätte gerne ein Sandwich zum Abendessen.

Auch das ist eine unbestimmte Bitte. Ich sage nicht, was es für ein Sandwich sein soll, ob ich Gurke oder Tomate darauf haben möchte. Es ist nur wichtig, dass ich ein Sandwich zum Abendessen bekomme.

an

Wir benutzen „an" vor einem Nomen, das mit einem Vokal beginnt.

Beispiele:

- an ice cream
- an orange
- an apple

I have an apple in my bag.
Ich habe einen Apfel in meiner Tasche.

Beachte, dass wir in unserem Beispielsatz „an" verwenden, weil der erste Buchstabe des darauffolgenden Nomens ein Vokal ist – in unserem Fall ein „a". Ich erzähle dir nichts Genaues über den Apfel. Ich sage nur, dass ich *irgendeinen* Apfel in meiner Tasche habe.

You need an umbrella because it is raining.
Du brauchst einen Regenschirm, weil es regnet.

Es ist egal, welche Farbe der Regenschirm hat. Es spielt auch keine Rolle, ob es dein eigener Schirm ist oder du dir von jemand anderem einen Schirm ausleihst. Wichtig ist nur, dass du *irgendeinen* Regenschirm hast, damit du nicht nass wirst.

Das ergibt Sinn, oder? Dann lass uns direkt weitermachen und etwas über bestimmte Artikel lernen.

Bestimmter Artikel

Wie gesagt musste ich erst lernen, wie man Deutsch spricht. Und weißt du, was ich dabei unglaublich schwierig fand? In deiner Sprache gibt es *drei* bestimmte Artikel. Nämlich „der", „die" und „das". Wer hat sich das denn bitte ausgedacht? Da muss man ja bei jedem einzelnen Wort noch den richtigen Artikel dazu lernen. Heißt es „der Katze" oder „das Katze"? Und warum heißt es „*die* Schule", aber „*der* Schulhof"? Da muss man sich doch einfach denken: Die spinnen, die Deutschen!

Im Englischen ist das viel einfacher! Es gibt nur einen bestimmten Artikel *(specific article)*. Und zwar das Wort „the". Wenn du ein Nomen mit dem Artikel „the" verwendest, dann beziehst du dich immer auf eine bestimmte Sache.

„The" kann sich auf Nomen im Singular oder im Plural beziehen. Es kann auch nicht zählbare Nomen beschreiben. Mach dir an dieser Stelle keine Gedanken über die nicht zählbaren Nomen und was sie sind – es kommt später ein ganzes Kapitel darüber!

Beispiele:

- the boy
- the desks
- the bread

Nomen im Singular mit *the*

Wir benutzen „the" vor Nomen, die im Singular stehen und mit denen wir eine ganz bestimmte Sache meinen.

Please bring me the blue pen from my desk.
Bitte bring mir den blauen Stift von meinem Schreibtisch.

Ich weiß, dass es nur einen blauen Stift auf dem Schreibtisch gibt und dass ich ihn haben möchte.

I would like the pizza from La Trattoria for dinner.
Ich würde gerne die Pizza von La Trattoria zum Abendessen essen.

Damit hast du zum Ausdruck gebracht, dass du nur die Pizza von La Trattoria essen möchtest.

Nomen im Plural mit *the*

Wir verwenden „the" auch vor Nomen, die im Plural stehen und mit denen wir eine ganz bestimmte Sache meinen.

I have the apples in my bag.
Ich habe die Äpfel in meiner Tasche.

Du weißt, dass es sich bei den Äpfeln um bestimmte Äpfel handelt, über die zu einem früheren Zeitpunkt schon gesprochen wurde.

You need to put the stickers on your folders.
Du musst die Aufkleber auf deine Hefte kleben.

Hier ist die Rede von ganz bestimmten Aufklebern, die man dir gegeben hat.

Nicht zählbare Nomen mit *the*

Nicht zählbare Nomen sind Nomen, die in einem Zustand oder einer Menge vorkommen, die man nicht zählen kann (z. B. Flüssigkeiten, Luft, Sand). Wie gesagt, darauf gehen wir später noch genauer ein, aber es ist wichtig, dass du weißt, wann du diese Wörter mit dem Artikel „the" verwendest.

I was swimming in the water.
Ich bin im Wasser geschwommen.

The air was cold.
Die Luft war kalt.

The sand was everywhere.
Der Sand war überall.

Verstehst du, was diese drei Beispiele gemeinsam haben? Du kannst nicht vor einem See stehen und das Wasser zählen. Du kannst bei einer Nachtwanderung nicht die kalte Luft zählen. Und du kannst am Strand nicht den Sand zählen. Aber alle drei Nomen kannst du ebenso wenig im Singular nutzen. Du kannst nicht sagen: „Ich bin in einem Wasser geschwommen. Dann habe ich zwei frische Luft geatmet. Später habe ich eine Burg aus drei Sand gebaut." Und genau deshalb nennen wir diese Nomen *nicht zählbare* oder *unzählbare* Nomen.

Okay, das hast du so weit verstanden? Sehr gut, denn es gibt noch ein paar andere Regeln, die du dir merken solltest.

Weglassen von Artikeln

Manchmal verwenden wir Nomen auch ganz ohne Artikel. Das ist meist dann der Fall, wenn wir eine allgemeine Aussage machen, zu der es keine weitere bestimmte Erklärung braucht. Hier habe ich dir ein paar Beispiele aufgelistet:

1. breakfast, lunch, dinner

Let's eat breakfast now.
Lass uns jetzt Frühstück machen.

I prepared sandwiches for lunch.
Ich habe für das Mittagessen Sandwiches vorbereitet.

Let's go out for dinner tonight.
Lass uns heute Abend zum Essen ausgehen.

Alle drei Sätze sind allgemeine Aussagen, für die es im Englischen keinen Artikel braucht.

2. school

I go to school down the street.
Ich gehe in die Schule am Ende der Straße.

3. church

I go to church every Sunday.
Ich gehe jeden Sonntag in die Kirche.

4. home

I like to go home after school.
Ich gehe nach der Schule gerne nach Hause.

5. sports and other classes

I like to play baseball.
Ich mag es, Baseball zu spielen.

I am very good in English.
Ich bin sehr gut in Englisch.

ACHTUNG!

Auf keinen Fall solltest du sagen: „I am very good in **the** English." Richtig ist: „I am very good in English." Wenn du es richtig sagst, wird dich jeder für dein gutes Englisch loben.

Das war eine Menge Stoff, oder? Keine Sorge, du hast es geschafft. Du hast alles über Artikel gelernt, was du wissen musst. Bist du bereit zum Üben? Ich habe ein lustiges Spiel für dich, das dich vielleicht auch zum Nachdenken bringen wird.

Übung

Aufgabe 1: Lies noch einmal die Geschichte auf S. 28 und kreise alle bestimmten und unbestimmten Artikel ein, die du findest.

Auf S. 238 findest du die Lösung. Aber nicht schummeln: Erst schauen, wenn du dir sicher bist, dass du alle Artikel gefunden hast.

Aufgabe 2: Ich habe noch eine Übung für dich, die dir Spaß machen wird. Kennst du das Spiel „Ich packe meine Koffer"? Das spielen wir jetzt, und zwar auf Englisch! Falls du dich nicht mehr erinnerst, sind hier noch mal die Regeln: Stell dir vor, wir gehen gemeinsam auf eine Reise – genau, du springst in meinen Van, und wir fahren los, zusammen! Bevor wir losfahren, musst du jedoch deinen Koffer packen. Nimm alles mit, was du für eine komfortable und spaßige Reise brauchst.

Weil in meinem Van natürlich nicht endlos viel Platz ist, darfst du nicht einfach alles wild einpacken. Sonst stehst du hinterher noch mit einem Elefanten auf dem Parkplatz, wenn ich dich abhole.

Darum darfst du genau 26 Dinge mitnehmen. Warum gerade 26? Weil das Alphabet 26 Buchstaben hat, und für jeden Buchstaben darfst du eine Sache mitnehmen, die mit diesem Buchstaben anfängt. Um das Spiel ein bisschen herausfordernder zu machen, dürfen es nur Dinge sein, die du auf einer Reise benutzen würdest UND die in deinen Koffer passen.

Trage deine 26 Dinge unten in die Liste ein und schreibe den dazugehörigen Artikel in die linke Spalte. Nicht vergessen: Wörter, die mit einem Vokal anfangen, haben den unbestimmten Artikel „an". Wörter, die mit einem Konsonanten anfangen, haben den unbestimmten Artikel „a".

Im ersten Kapitel habe ich dir schon alle Vokale und Konsonanten aufgeschrieben. Blättere einfach noch mal zurück, wenn du dir nicht sicher bist.

Lass deine Mama, deinen Papa, Bruder, Schwester, Freund oder Freundin deine Antworten überprüfen. Bereit? Dann geht's los!

Artikel	Wort
an	Apple
a	Bannana / bag
a	Cosmetib
a	Dino toy
an	Elephant by

a	Fot ball
a	Girafe toy
a	Hand
a	Ict cream
a	Jeans
a	Kalia belly
a	Laptop
a	N M
a	Nek baches
an	Orange
a	Pillow
a	Qualle toy
a	Raheate toy
a	Socks
a	tablet
an	Ufo toy
a	Voes
a	Water
a	X
a	Y
a	Z

3

I love Paris!

Baguettes, cheese, croissants. I was in the city of food. I was in Paris! It has some of the most famous food in the world. It also has famous museums and sights. Do you know what the most famous **landmark** in Paris is?

The Eiffel Tower. My plan today was to visit it. I arrived at the metro station **closest** to the Eiffel Tower. I got out and **stood** underneath the tower. I've never seen anything so big in my life.

I saw a few **teens** making a TikTok video. As you may know, I know all about TikTok! I decided to go and say hi to them. They immediately **recognized** me.

"The Bartmann!", one said. "He makes funny TikTok videos in school."

I asked them if I could **join** in making their TikTok videos.

"Sure!" said one of the boys.

They were making a TikTok video where you can **swipe** left or right to decide on the things you like best. They asked me, "Pizza or burgers?" This was a hard **choice**! While I was thinking about my answer, I accidently tripped and fell over. It was really funny!

I asked if they wanted to reshoot it. They thought it was so funny that they wanted to keep it. I said goodbye and went up the **elevator** to the top of the Eiffel Tower. It was such a beautiful view! I could see across the **entire** city in every **direction**. This was **definitely** something that I would never **forget**.

Ich liebe Paris!

Baguettes, Käse, Croissants. Ich war in der Stadt des Essens. Ich war in Paris! Es hat einige der berühmtesten Speisen der Welt. Es hat auch berühmte Museen und Sehenswürdigkeiten. Weißt du, welches das berühmteste **Wahrzeichen** von Paris ist?

Der Eiffelturm. Mein Plan für heute war, ihn zu besuchen. Ich kam an der Metrostation an, die dem Eiffelturm **am nächsten** war. Ich bin ausgestiegen und habe mich unter den Turm **gestellt**. Dann habe ich nach oben geschaut. Ich habe in meinem Leben noch nie etwas so Großes gesehen.

Ich sah ein paar **Teenager**, die ein TikTok-Video machten. Wie du vielleicht weißt, weiß ich alles über TikTok! Ich beschloss, zu ihnen zu gehen und Hallo zu sagen. Sie **erkannten** mich sofort.

„Der Bartmann!", sagte einer. „Er macht lustige TikTok-Videos in der Schule."

Ich fragte sie, ob ich bei ihren TikTok-Videos **mitmachen** könnte.

„Klar!", sagte einer der Jungs.

Sie machten ein TikTok-Video, bei dem man nach links oder rechts **wischen** kann, um zu entscheiden, welche Sachen man am liebsten mag. Sie fragten: „Pizza oder Burger?" Das war eine schwere **Entscheidung**! Während ich über meine Antwort nachdachte, stolperte ich versehentlich und fiel um. Es war wirklich lustig!

Ich fragte, ob sie es noch einmal drehen wollten. Sie fanden es so lustig, dass sie es behalten wollten. Ich verabschiedete mich und fuhr mit dem **Aufzug** auf die Spitze des Eiffelturms. Es war so eine schöne Aussicht! Ich konnte die **ganze** Stadt in alle **Richtungen** überblicken. Das war **definitiv** etwas, das ich nie **vergessen** würde.

Vokabeln

Nomen | *nouns*

Englisch	Deutsch
landmark	Wahrzeichen
teen	Teenager
choice	Entscheidung
elevator	Aufzug
direction	Richtung

Verben | *verbs*

Englisch	Deutsch
(to) stand	stehen, stellen
(to) recognize	erkennen
(to) join	mitmachen
(to) swipe	wischen
(to) forget	vergessen

Adjektive | *adjectives*

Englisch	Deutsch
close	nah
entire	ganz

Adverbien | *adverbs*

Englisch	Deutsch
definitely	sicher, definitiv

Präpositionen | *prepositions*

Englisch	Deutsch
underneath	darunter

Personalpronomen | personal pronouns ★ ☆

In diesem Kapitel werde ich dir die Personalpronomen erklären.

Personalpronomen gibt es im Englischen und auch im Deutschen. Weil du sowieso die ganze Zeit Personalpronomen verwendest, wenn du sprichst, wirst du sicher schnell verstehen, wie wir sie im Englischen verwenden.

Personalpronomen sind die „Stuntdoubles" der Grammatik; sie stehen für die Personen, Tiere und Dinge, die in unseren Sätzen die Hauptrolle spielen.

Ein Personalpronomen ist also ein kurzes Wort, das wir als Ersatz für den Eigennamen einer Person, eines Tieres oder einer Sache verwenden.

Klingt doch erst mal easy, oder? Ich werde versuchen, es dir etwas genauer zu erklären.

Nehmen wir dafür einen ganz einfachen Satz: „Lisa loves Konrad." („Lisa liebt Konrad.") In diesem Satz haben wir drei Wörter, und zwar ein Subjekt („Lisa"), ein Verb („loves") und ein Objekt („Konrad").

Das Subjekt ist immer verantwortlich für eine Handlung, das heißt, es *macht* etwas. Das Objekt ist immer Empfänger einer Handlung, das heißt, etwas *wird gemacht* mit ihm. Lisa ist also

das Subjekt, denn sie *liebt* Konrad. Konrad ist das Objekt, denn er *wird geliebt*, und zwar von Lisa.

Jetzt stell dir vor, du erzählst deinen Freunden von Lisa und Konrad. Weil deine Freunde wissen, dass du von Lisa und Konrad sprichst, sagst du nicht jedes Mal deren Namen. Stattdessen sagst du: „She loves him." („Sie liebt ihn.") Und – zack! – schon hast du das Subjekt *und* das Objekt zu Personalpronomen gemacht.

Im Englischen gibt es – genau wie im Deutschen – drei „Personen". Für jede Person gibt es die Einzahl (also den Singular) und die Mehrzahl (also den Plural). Subjekt und Objekt können in jeder dieser drei Personen auftreten, und zwar im Singular und im Plural. Mit „Person" ist hier aber nicht ein bestimmter Mensch gemeint, sondern ein grammatikalischer Fall. Du wirst diese drei Personen immer wieder brauchen, darum ist es megawichtig, dass du sie auswendig kennst.

Schauen wir uns zuerst die Personalpronomen in der **Subjekt**form an:

	Singular	Plural
1. Person	**I** *Ich*	**We** *Wir*
2. Person	**You** *Du*	**You** *Ihr*
3. Person	**He/She/It** *Er/Sie/Es*	**They** *Sie*

Gucken wir uns das Ganze noch mal in Verbindung mit einem einfachen Satz an:

	Singular	Plural
1. Person	I **love** pizza. *Ich liebe Pizza.*	We **love** pizza. *Wir lieben Pizza.*
2. Person	You **love** pizza. *Du liebst Pizza.*	You **love** pizza. *Ihr liebt Pizza.*
3. Person	He/She/It **loves** pizza. *Er/Sie/Es liebt Pizza.*	They **love** pizza. *Sie lieben Pizza.*

Die 1. Person benutzen wir, wenn wir etwas über uns selbst aussagen wollen: **„I love pizza."** Die Pluralform benutzen wir, wenn wir Teil einer Gruppe sind, über die wir etwas aussagen wollen: **„We love pizza."**

Die 2. Person benutzen wir, wenn wir etwas über die Person aussagen wollen, mit der wir gerade sprechen: **„You love pizza."** Die Pluralform benutzen wir, wenn wir etwas über eine Gruppe aussagen wollen, mit der wir gerade sprechen: **„You love pizza."**

ACHTUNG!

Im Englischen verwenden wir „you" für die 2. Person sowohl im Singular als auch im Plural. Du kannst für die Pluralform auch „you all" verwenden: „You all love pizza."

Die 3. Person benutzen wir, wenn wir mit jemandem sprechen, dem wir etwas über eine andere Person erzählen wollen: **„He loves pizza"** oder **„She loves pizza"**. Die Pluralform benutzen wir, wenn wir mit jemandem sprechen, dem wir etwas über eine Gruppe erzählen wollen: **„They love pizza."**

Fällt dir was auf? Im Deutschen ändert sich das Verb ständig. Im Englischen bleibt es aber fast immer gleich. Nur in der 3. Person Singular wird hinten ein „s" angehängt. Es gibt hier eine großartige Eselsbrücke, die ich dir gern vorstellen möchte:

He/she/it, das „s" muss mit.

Das Tolle ist, dass das für fast alle Verben in der englischen Sprache gilt. ABER … natürlich gibt es ein paar Ausnahmen, die du lernen musst. Sonst wäre es ja langweilig.

Bei Verben, die auf die Buchstaben „s", „ss", „x" oder „ch" enden, wird in der 3. Person Singular hinten „es" statt nur „s" angehängt. Genauso machen wir es mit Verben, die auf „o" enden.

Beispiele:

- "I miss school", aber: "He misses school."
- "I fix my bike", aber: "She fixes her bike."
- "I catch the ball", aber: "She catches the ball."
- "I do my homework", aber: "He does his homework."

Und dann gibt es noch eine richtig seltsame Ausnahme, nämlich die Verben, die auf „y" enden und deren vorletzter Buchstabe ein Konsonant ist. Bei diesen Verben wird aus dem „y" ein

„i", und dann wird hinten noch ein „es" angehängt. Ziemlich irre, oder? Aber das lernst du schnell.

Also: "I hurry to school", aber: "She hurries to school."

ACHTUNG!

Wenn das Verb zwar auf „y" endet, der vorletzte Buchstabe aber ein Vokal ist, dann passiert das Gleiche wie bei den ganz gewöhnlichen Verben: Wir hängen einfach nur ein „s" ans Ende.

Also: „I play the guitar", aber: "He plays the guitar."

Jetzt kennst du die Personalpronomen in der Subjektform UND du weißt schon, wie du die Verben dazu richtig anwendest. Ich bin stolz auf dich!

Eine letzte Verbform muss ich dir allerdings noch zeigen – und das ist natürlich die allerwichtigste! Denn wenn wir Personalpronomen verwenden, dann tun wir das sehr, sehr oft im Zusammenhang mit dem Verb „be" – also „sein".

Keine Angst, was jetzt kommt, wird zwar oft falsch gemacht, aber eigentlich ist es supereinfach. Außerdem wird es dir immer wieder begegnen. Deshalb lerne es schnell auswendig.

	Singular	Plural
1. Person	I **am** *Ich bin*	We **are** *Wir sind*
2. Person	You **are** *Du bist*	You **are** *Ihr seid*
3. Person	He/She/It **is** *Er/Sie/Es ist*	They **are** *Sie sind*

Gucken wir uns das Ganze noch mal in Verbindung mit einem einfachen Satz an:

	Singular	Plural
1. Person	I **am** happy. *Ich bin froh.*	We **are** happy. *Wir sind froh.*
2. Person	You **are** happy. *Du bist froh.*	You **are** happy. *Ihr seid froh.*
3. Person	He/She/It **is** happy. *Er/Sie/Es ist froh.*	They **are** happy. *Sie sind froh.*

Während im Singular also jede Person eine eigene Form hat, sehen im Plural alle Formen gleich aus – und zwar genauso wie die 2. Person Singular.

Eine Sache haben alle Formen gemeinsam: Sie sehen kein bisschen aus wie „be", obwohl es alles Varianten des Wortes „be" sind. Klingt komisch, ist aber so.

ACHTUNG!

Schau dir mal die deutschen Verben in der Tabelle an. Das sind alles Varianten des Wortes „sein". Und genau wie im Englischen sieht man ihnen das gar nicht an.

Kommen wir nun zu den Personalpronomen in der Objektform. Du erinnerst dich noch an Konrad? Konrad war in unserem Beispielsatz oben das Objekt. Und das bedeutet? Richtig! Er ist Empfänger einer Handlung. Etwas *wird gemacht* mit ihm.

Auch die Personalpronomen in der Objektform gibt es in der 1., 2. und 3. Person – Singular und Plural. Ich schlage also vor, wir machen es genau wie bei der Subjektform, okay?

Schauen wir uns zuerst die Personalpronomen in der **Objekt**form an:

	Singular	Plural
1. Person	**me** *mich/mir*	**us** *uns*
2. Person	**you** *dich/dir*	**you** *euch*
3. Person	**him/her/it** *ihn/sie/es* *ihm/ihr/ihm*	**them** *sie/ihnen*

Gucken wir uns das Ganze noch mal in Verbindung mit einem einfachen Satz an. Lisa kann uns dabei noch mal helfen.

	Singular	Plural
1. Person	Lisa loves **me**. *Lisa liebt mich.*	Lisa loves **us**. *Lisa liebt uns.*
2. Person	Lisa loves **you**. *Lisa liebt dich.*	Lisa loves **you**. *Lisa liebt euch.*
3. Person	Lisa loves **him/her/it**. *Lisa liebt ihn/sie/es.*	Lisa loves **them**. *Lisa liebt sie.*

Die 1. Person benutzen wir, wenn wir sagen wollen, dass etwas mit uns gemacht wird: **„Lisa loves me."** Die Pluralform benutzen wir, wenn wir Teil einer Gruppe sind, mit der etwas gemacht wird: **„Lisa loves us."**

Die 2. Person benutzen wir, wenn etwas mit der Person gemacht wird, mit der wir gerade sprechen: **„Lisa loves you."** Die Pluralform benutzen wir, wenn etwas mit der Gruppe gemacht wird, mit der wir gerade sprechen: **„Lisa loves you."**

ACHTUNG!

Auch hier verwenden wir „you" für die 2. Person sowohl im Singular als auch im Plural. Du kannst für die Pluralform auch „you all" verwenden: „Lisa loves you all."

Die 3. Person benutzen wir, wenn wir jemandem erzählen, was mit einer anderen Person gemacht wird: **„Lisa loves him"** oder **„Lisa loves her"** oder **„Lisa loves it"**. Die Pluralform benutzen wir, wenn wir jemandem erzählen wollen, was mit einer anderen Gruppe gemacht wird: **„Lisa loves them."**

Die wichtigsten Sachen habe ich dir beigebracht. Keine Sorge, falls du nicht alles verstanden hast. Du kannst es dir ein paarmal in Ruhe durchlesen. Wenn du etwas danach immer noch nicht verstehst, frage deine Eltern, ältere Geschwister oder deine Lehrer.

Übung ✶ ☆

Aufgabe 1: Lies noch einmal die Geschichte auf S. 43 und kreise alle Personalpronomen ein, die du findest.

Aufgabe 2: Personalpronomen nehmen den Platz von Eigennamen oder des Subjekts oder Objekts eines Satzes ein. Kreise das Pronomen in jedem der folgenden Sätze ein. Schreibe in die leere Zeile darunter das Nomen, das das Pronomen ersetzt hat.

1. The baguette has a lot of cheese on it

   The baguette _____

2. Lily jumped the highest and she won the contest.

   Lily _____

3. I was lost and Sarah looked for me under the Eiffel Tower.

   I _____

4. After Bartmann fell over, he was laughing.

   Bartmann _____

5. Bartmann and his friends are under the tree, can you find them?

Bartmann and his friends

6. Janina tied her shoe laces.

Janina

7. Tom and I wanted to go to a movie, but Sarah went without us.

Tom and I

8. When we arrived at the café, my family and I ordered food.

family and I

9. Bartmann lost his phone, can you find it for him?

Bartmann

10. My name is Bartmann, I am from Australia.

Bartmann

4

So many stones in Pompeii

Have you ever heard of the ancient city called Pompeii? In my History class in high school I learned a lot about it. I was amazed by this **ancient** city that has been so well **preserved** for over a thousand years. I knew immediately that one day I would visit this amazing place because there is so much history there.

Pompeii is located near Naples, Italy. It has been **extremely** well preserved for almost 2000 years because of a **volcanic eruption** from Mount Vesuvius. It **exploded** next to the city and **covered** it in volcanic **ash**, leaving it close to its **original state** for over a thousand years.

Today I planned to visit the place that I had read about in school. I had already seen so many pictures and I wanted to see everything with my own eyes. I had learned that you could really see what life was like back then. There were many big houses, beautiful pieces of art, a lot of **furniture** and large **public** buildings and spaces. I was ready to take a trip back in time.

As I walked through the front gates, I noticed immediately that it is a city built of **stone**. There were so many stone roads, buildings, **stadiums**, etc. There are also the remains of actual people who were covered by the falling ashes while trying to run away. This was really impressive, but also a little spooky. I also discovered a lot of graffiti carved into the walls, not **spray-painted** like today. The graffiti is written in "street Latin" rather than the classical Latin that we study in school. I think it's so cool that even Latin had its own slang, yo!

I've definitely got to make a TikTok vlog about this amazing ghost town. I think many people will be super interested in this ancient city of stone.

So viele Steine in Pompeji

Hast du jemals von der **antiken** Stadt namens Pompeji gehört? In meinem Geschichtskurs an der Highschool habe ich viel darüber gelernt. Ich war beeindruckt von dieser antiken Stadt, die seit über tausend Jahren so gut **erhalten** ist. Ich wusste sofort, dass ich eines Tages diesen erstaunlichen Ort besuchen würde, weil es dort so viel Geschichte gibt.

Pompeji liegt in der Nähe von Neapel, Italien. Die Stadt ist nach einem **Vulkanausbruch** des Vesuvs vor beinahe 2000 Jahren **extrem** gut erhalten geblieben. Er **brach** neben der Stadt **aus** und **bedeckte** sie mit vulkanischer **Asche**, sodass sie über tausend Jahre lang nahezu in ihrem **ursprünglichen Zustand** blieb.

Heute wollte ich den Ort besuchen, über den ich in der Schule gelesen hatte. Ich kannte bereits so viele Fotos, aber ich wollte alles mit meinen eigenen Augen sehen. Ich hatte gelernt, dass man wirklich sehen konnte, wie das Leben damals gewesen ist. Es gab viele große Häuser, schöne Kunstwerke, eine Menge **Möbel** und große **öffentliche** Gebäude und Plätze. Ich war bereit, eine Reise in die Vergangenheit zu machen.

Als ich durch die Eingangstore ging, bemerkte ich sofort, dass fast alles aus **Stein** gemacht war. Es gab so viele steinerne Straßen, Gebäude, **Stadien** etc. Es gab dort auch die Überreste von echten Menschen, die von der herunterfallenden Asche bedeckt wurden, während sie versuchten wegzurennen. Das war wirklich

beeindruckend, aber auch ein bisschen gruselig. Ich entdeckte auch eine Menge Graffiti, die in die Wände geritzt waren, nicht wie heute **aufgesprüht**. Die Graffiti sind in „Straßenlatein" geschrieben und nicht in dem klassischen Latein, das wir in der Schule lernen. Ich finde es so cool, dass sogar Latein seinen eigenen Slang hatte, yo!

Ich muss unbedingt einen TikTok-Vlog über diese erstaunliche Geisterstadt machen. Ich denke, dass viele Leute superinteressiert sein werden an dieser antiken Stadt aus Stein.

Vokabeln

Nomen | *nouns*

Englisch	Deutsch
volcanic eruption	Vulkanausbruch
ash	Asche
original state	ursprünglicher Zustand
furniture	Möbel
stone	Stein
stadium	Stadion

Verben | *verbs*

Englisch	Deutsch
(to) preserve	erhalten
(to) explode	ausbrechen
(to) cover	bedecken

Adjektive | *adjectives*	
Englisch	Deutsch
ancient	antik
public	öffentlich
spray-painted	aufgesprüht
Adverbien | *adverbs*	
Englisch	Deutsch
extremely	äußerst, extrem

Zählbare und nicht zählbare Nomen | *countable and uncountable nouns*

In diesem Kapitel werden wir etwas über zählbare und nicht zählbare Nomen lernen. Ich habe sie in Kapitel 2 schon mal kurz erwähnt. Jetzt werden wir tiefer in die Materie einsteigen.

Was sind zählbare und nicht zählbare Nomen? Es klingt vielleicht ein bisschen seltsam, von nicht zählbaren Nomen zu sprechen, weil wir Dinge definitiv zählen können. Aber wenn du etwas mehr darüber nachgrübelst, stellst du schnell fest, dass wir nicht alles zählen können. Du kannst zwar zählen, wie viele Minuten du es im Wasser aushältst, aber du kannst nicht zählen,

in wie viel Wasser du geschwommen bist. Du kannst vielleicht Sandkörner zählen, aber ganz bestimmt nicht kannst du vom Strand *ein Sand* mitbringen.

Klingt seltsam? Kann ich verstehen. Deshalb lass uns erst mal mit den zählbaren Nomen weitermachen. Die sind ein bisschen einfacher.

Zählbare Nomen

Zählbare Nomen – im Englischen heißen sie *countable nouns* – bezeichnen Dinge, die gezählt werden können. Die Anzahl kann dabei durchaus sehr hoch sein – wie in dem Fall, wenn du zum Beispiel alle Menschen auf der Welt zählst. Der Großteil aller Nomen gehört zu den zählbaren Nomen. Es sind also fast zu viele, um sie zu zählen … ☺

Zählbare Nomen begegnen dir aber nicht nur mit einer genauen Anzahl. Oft sind sie mit einem sogenannten *quantifier*, einem unbestimmten Zahlwort, verbunden. Ein unbestimmtes Zahlwort kann dir etwas über die Menge der Dinge sagen, ohne dass du die genaue Anzahl erfährst. Die bekanntesten unbestimmten Zahlwörter sind „a few", „much", „many" und „a lot of". Auf Deutsch: „ein paar", „viel" und „viele".

Machen wir die Probe aufs Exempel:

I have four pens, three desks and two cars.
Ich habe vier Stifte, drei Schreibtische und zwei Autos.

Das ist eine Auflistung von zählbaren Nomen mit genauer Mengenangabe. Und wenn wir statt der genauen Zahlen unbestimmte Zahlwörter verwenden? Dann bleiben es trotzdem zählbare Nomen, aber das Ganze sieht dann zum Beispiel so aus:

I have many pens, desks and cars.
Ich habe viele Stifte, Schreibtische und Autos.

oder

I have a lot of pens, desks and cars.
Ich habe eine Menge Stifte, Schreibtische und Autos.

„Many" und „a lot of" sind austauschbar. Kinderleicht, stimmt's? Oder wie man auf Englisch so schön sagt: *Easy peasy lemon squeezy.*

Du kannst das Ganze natürlich auch in eine negative Aussage packen. Stell dir vor, dein Bruder gibt damit an, wie viele Stifte, Schreibtische und Autos er hat. Wenn du dann zähneknirschend zugeben musst, dass du da nicht mithalten kannst, dann sagst du:

I don't have any pens. I don't have a desk. I don't have a lot of cars.
Ich habe gar keine Stifte. Ich habe keinen Schreibtisch. Ich habe nicht viele Autos.

Auch das ist leicht zu verstehen, oder? Fassen wir noch mal den Aufbau der Sätze zusammen:

Positive Sätze: Subjekt + Verb + unbestimmtes Zahlwort + Objekt

Fällt dir was auf? Genau, man verwendet unbestimmte Zahlwörter immer *vor* dem Nomen.

Positiver Satz	Zählbares Nomen
I have	one pen.
Ich habe	*einen Stift.*
You have	twenty pens.
Du hast	*zwanzig Stifte.*
My brother has	many desks.
Mein Bruder hat	*viele Schreibtische.*

Negative Sätze: Subjekt + Negation + Verb + unbestimmtes Zahlwort + Objekt

Negativer Satz	Zählbares Nomen
I don't have	a pen.
Ich habe keinen	*Stift.*
You don't have	twenty eight pens.
Du hast keine	*achtundzwanzig Stifte.*
My brother doesn't have	many desks.
Mein Bruder hat nicht	*viele Schreibtische.*
They don't have	a lot of cars.
Sie haben nicht	*viele Autos.*

ACHTUNG!

Sowohl „a" als auch „one" bedeuten eins. Der Unterschied besteht lediglich darin, dass „one" mehr Gewicht auf die Anzahl legt, also dass ich nur einen Stift habe. Verwenden wir „a", meinen wir einfach irgendeinen Stift.

Nicht zählbare Nomen

Kommen wir nun zu den nicht zählbaren Nomen. Diese können etwas kniffliger sein, weil man ein bisschen mehr nachdenken muss.

Nicht zählbare Nomen – im Englischen heißen sie *uncountable nouns* – sind Nomen, die in einer Form oder Menge existieren, die man *nicht* zählen kann. Kreativität oder Mut sind zum Beispiel nicht zählbar. Auch Flüssigkeiten sind nicht zählbar. Dinge, die sich wie Flüssigkeiten verhalten (Sand, Luft), sind ebenfalls nicht zählbar.

Nicht zählbare Nomen werden immer im Singular verwendet. Du kannst sie nicht mit einer konkreten Mengenangabe verwenden. Es ist jedoch möglich, sie mit einem unbestimmten Zahlwort zu kombinieren. Du kannst aufs Meer schauen und sagen. „That's a lot of water." Und du kannst vom Strand eine Handvoll Sand mitbringen und sagen: „Here is some sand."

„A lot of" solltest du dir gut merken, weil es sowohl mit zählbaren als auch mit nicht zählbaren Nomen verwendet werden kann.

Lass mich dir noch ein paar Beispiele für nicht zählbare Nomen geben:

bread, money, fruit, water, juice, time, homework, meat, cheese

Jetzt sagst du wahrscheinlich: „Hey, Bartmann, ich *kann* mein Geld zählen!" Und du hast recht. Aber was du tatsächlich zählst, sind die Scheine und Münzen (und siehe da: Die Wörter „Schein" und „Münze" sind zählbare Nomen). Aber das Geld, das in deinem Sparschwein steckt, ist entweder viel oder wenig. Aber du kannst nicht „die Gelde" zählen. Du kannst nur zählen, wie viele Euro und Cent, also wie viele Scheine und Münzen, in deinem Sparschwein sind.

Jetzt hast du es verstanden, oder? Großartig! Hier noch mal das Ganze zusammengefasst als Tabelle:

Positive Sätze: Subjekt + Verb + unbestimmtes Zahlwort + Objekt

Positiver Satz	Nicht zählbares Nomen
I have	so much homework.
Ich habe	*sehr viele Hausaufgaben.*
She drinks	a lot of water.
Sie trinkt	*viel Wasser.*
They eat	a lot of cheese.
Sie essen	*viel Käse.*

ACHTUNG!

Nach den Wörtern „as", „so" und „too" darf nur „much" oder „many" stehen. In diesen Fällen darfst du auf keinen Fall „a lot of" oder „lots of" verwenden.

Negative Sätze: Subjekt + Negation + Verb + unbestimmtes Zahlwort + Objekt

Negativer Satz	Nicht zählbares Nomen
I don't have *Ich habe nicht*	much homework. *viele Hausaufgaben.*
She doesn't drink *Sie trinkt nicht*	a lot of water. *viel Wasser.*
They don't eat *Sie essen nicht*	a lot of cheese. *viel Käse.*

Steigerung mit *a lot of/very much*

Im Englischen bedeuten sowohl „much" als auch „a lot of", dass es „viel" von etwas gibt. Benutze am besten immer „a lot of", damit liegst du nicht falsch, und es klingt schöner. ABER: Wenn du sagen willst, dass es von etwas „sehr viel" gibt, dann **musst** du „much" verwenden, denn „a lot of" lässt sich nicht steigern. Das Gleiche gilt, wenn du etwas betonen willst, zum Beispiel *sooooo viele Hausaufgaben …*

I have a lot of homework to do. I have very much homework to do. It is so much homework, I don't even know where to begin.

Ich habe eine Menge Hausaufgaben zu erledigen. Ich habe sehr viele Hausaufgaben zu erledigen. Es sind so viele Hausaufgaben, ich weiß gar nicht, wo ich anfangen soll.

Fragen mit *how many/how much*

Gehen wir noch einen Schritt weiter. Was ist mit Fragen? Wenn wir herausfinden wollen, wie viel von einer Sache vorhanden ist, dann benutzen wir zur Fragestellung die Formulierungen „how many" und „how much".

Das sind wichtige Fragewörter, die du unbedingt auf Englisch beherrschen solltest. Du wirst sie nämlich oft brauchen.

Zählbare Nomen

Fangen wir mit den zählbaren Nomen an. Wenn die Sache, nach der du fragst, sich mit konkreten Mengenangaben erfassen lässt, beginnst du die Frage mit „How many …"

Beantworten lässt sich die Frage, na klar, mit einer konkreten Mengenangabe, also einer Zahl. Wenn die befragte Person zu faul zum Zählen ist, antwortet sie vielleicht auch mit „many" oder „a lot". Das ist dann zwar nicht wirklich hilfreich, aber hier geht es ja erst mal nur darum, dass du die Grammatik lernst:

Frage	Antworten mit zählbaren Nomen
How many students are in the class? *Wie viele Schüler sind in der Klasse?*	There are 28 students in the class. *Es gibt 28 Schüler in der Klasse.*
	There are many students in the class. *Es gibt viele Schüler in der Klasse.*
	There are a lot of students in the class. *Es gibt viele Schüler in der Klasse.*
	There aren't a lot of students in the class. *Es gibt nicht viele Schüler in der Klasse.*
	There aren't many students in the class. *Es gibt nicht viele Schüler in der Klasse.*

Wie du siehst, habe ich die negativen Antworten gleich mit in die Tabelle gepackt. Die müssen wir jetzt nicht extra noch mal erklären, oder? Das hast du sicher längst auf dem Kasten.

Nicht zählbare Nomen

Wenn du nach nicht zählbaren Nomen fragst, beginnt die Frage mit „How much …"

Beantworten lässt sich die Frage mit „much" oder „a lot of".

Frage	Antworten mit nicht zählbaren Nomen
How much water is in the sea? *Wie viel Wasser gibt es im Meer?*	There is a lot of water in the sea. *Es gibt viel Wasser im Meer.*
	There is so much water in the sea. *Es gibt so viel Wasser im Meer.*
	There is not a lot of water in the sea. *Es gibt nicht viel Wasser im Meer.*
	There is not very much water in the sea. *Es gibt nicht so viel Wasser im Meer.*

Genau wie die zählbaren Nomen können auch die nicht zählbaren Nomen eine negative Antwort haben. Wir müssen das Verb in seine verneinende Form bringen. Wir verwenden „does", die Form der 3. Person Singular, um diese Fragen zu beantworten.

ACHTUNG!

Wenn etwas nicht viel kostet, sag bitte nicht „It costs not much money". Bitte sag „It doesn't cost much money", damit zeigst du nämlich, dass du richtig gut Englisch kannst.

Wir kommen in den späteren Kapiteln noch einmal ausführlich auf „do/does" zurück. An dieser Stelle reicht es, wenn du dich erst einmal daran gewöhnst, „does" mit „how much" zu verwenden.

Übung

Aufgabe 1: Lies noch einmal die Geschichte auf S. 58 und kreise alle zählbaren und nicht zählbaren Nomen ein, die du findest.

Aufgabe 2: Fülle die Lücken in den folgenden Beispielen mit „many", „much" oder „a lot of" aus.

1. Do you drink _____ tea?

2. I like reading. I've got _____ books.

3. There isn't _____ milk in the fridge.

4. It costs _____ money to travel around the world.

5. Please be quick! I don't have _____ time.

6. How _____ languages do you speak?

7. He didn't ask me _____ questions.

8. There was _____ food at the party.

9. We saw _____ cool things on our trip.

10. How _____ pizza did you eat?

11. How _____ slices of pizza did you eat?

12. How _____ times did you play the game?

13. How _____ TikTok videos did you watch?

5 ✩ ✳

These adventurous days in Pamplona

One of the **scariest** moments of my life **happened** in Pamplona, Spain. I **participated** in a very **dangerous event called** "The Running of the Bulls". This is a yearly **race between** man and **bull**. The people and the bulls are put in **separate cages**. The people have a **head start** of 50 meters.

A siren **sounded** and the people were **let out** of their cages. A minute **later** the bulls came out. The people now had to run away as quickly as possible to not get **run over** by a bull. I started off at a slow **pace** because I didn't believe that the bulls would **catch up** with me. I'd made it about a hundred meters, when I heard the **roar** of the bulls. This was **terrifying**!

Suddenly, they were **directly** behind me! I'm not **usually** a fast runner, and now I was running the fastest that I had in my whole life. I needed to think of something, and fast, to **avoid** the bulls before they **reached** me.

I had an idea! There was a **fence** on my right, so I climbed up it. The bulls were **barreling** down the street. They were running towards whatever got their **attention**. A lot of them ran right under my feet after I climbed the fence.

After a few minutes passed, I jumped down and **continued** to the **race track**. A huge stadium then came into view. That was the finish line! I'd made it!

This was an **exciting** day. A day that I will never forget but also one that I would not like to repeat! Those bulls were so scary. This long day full of adventure had worn me out. I went to my hotel and took a long nap.

Diese abenteuerlichen Tage in Pamplona

Einer der **furchterregendsten** Momente meines Lebens **ereignete** sich in Pamplona, Spanien. Ich habe an einer sehr **gefährlichen Veranstaltung teilgenommen**, die „Stierlauf" **heißt**. Dies ist ein jährliches **Rennen zwischen** Mensch und **Stier**. Die Menschen und die Stiere werden in **getrennte Käfige** gesteckt. Die Menschen haben einen **Vorsprung** von 50 Metern.

Eine Sirene **ertönte,** und die Menschen wurden **aus** ihren Käfigen **gelassen**. Eine Minute **später** kamen die Stiere heraus. Die Leute mussten so schnell wie möglich wegrennen, um nicht von einem Stier **überrannt** zu werden. Ich begann in einem langsamen **Tempo**, weil ich nicht glaubte, dass die Stiere mich **einholen** würden. Ich hatte es etwa hundert Meter weit geschafft, als ich das **Brüllen** der Stiere hörte. Das war **erschreckend**!

Plötzlich waren sie **direkt** hinter mir! **Normalerweise** bin ich kein schneller Läufer, und jetzt lief ich so schnell wie noch nie in meinem Leben. Ich musste mir etwas einfallen lassen, und zwar schnell, um den Stieren **auszuweichen**, bevor sie mich **erreichten**.

Ich hatte eine Idee! Zu meiner Rechten war ein **Zaun**, also kletterte ich hinauf. Die Stiere **rasten** die Straße hinunter. Sie rannten auf alles zu, was ihre **Aufmerksamkeit** erregte. Viele von ihnen rannten direkt unter meinen Füßen entlang, nachdem ich den Zaun erklommen hatte.

Nachdem ein paar Minuten vergangen waren, sprang ich hinunter und **lief weiter** die **Rennstrecke** entlang. Dann kam eine riesige Arena in Sicht. Das war die Ziellinie! Ich hatte es geschafft!

Das war ein **aufregender** Tag. Ein Tag, den ich nie vergessen werde, aber auch einer, den ich nicht gerne wiederholen würde! Diese Stiere waren so furchterregend. Dieser lange Tag voller Abenteuer hatten mich erschöpft. Ich ging in mein Hotel und machte ein langes Nickerchen.

Vokabeln

Nomen | *nouns*

Englisch	Deutsch
event	Veranstaltung
race	Rennen
bull	Stier
cage	Käfig
head start	Vorsprung
pace	Tempo
roar	Brüllen
fence	Zaun
attention	Aufmerksamkeit
race track	Rennstrecke

Verben | verbs

Englisch	Deutsch
(to) happen	ereignen
(to) participate	teilnehmen
(to) call	nennen, heißen
(to) sound	ertönen
(to) let out	rauslassen
(to) run over	überrennen
(to) catch up	einholen
(to) avoid	ausweichen
(to) reach	erreichen
(to) barrel	rasen
(to) continue	weiterlaufen

Adjektive | adjectives

Englisch	Deutsch
scary	furchterregend
dangerous	gefährlich
separate	getrennt
terrifying	erschreckend
exciting	aufregend

Adverbien | adverbs

Englisch	Deutsch
later	später
directly	direkt
usually	normalerweise

Präpositionen | prepositions

Englisch	Deutsch
between	zwischen

Demonstrativpronomen | demonstrative pronouns

Wir gehen jetzt noch einen Schritt weiter und lernen die Demonstrativpronomen kennen. Ein richtiges Wortmonster, oder? Du musst aber keine Angst haben, das Wichtigste ist, dass du verstehst, warum und wie wir sie benutzen.

Also: Was sind Demonstrativpronomen?

Demonstrativpronomen sind Wörter, die Nomen ersetzen und etwas Bestimmtes bezeichnen. Ihr Name kommt von dem lateinischen Wort *demonstrare*, und das bedeutet: *genau zeigen; bezeichnen; auf etwas oder jemanden hinweisen*. Der zweite Teil des Wortes, *-pronomen*, erklärt, worauf gezeigt oder hingewiesen wird: auf ein Nomen (also auf ein Substantiv).

Im Englischen gibt es nur vier Demonstrativpronomen:

- this
- that
- these
- those

Wahrscheinlich benutzt du sie bereits sehr oft, wenn du sprichst oder schreibst, ohne dass du es selbst merkst.

Lass uns diese Lektion in kleinere Schritte unterteilen. Das wird dir helfen, die englische Grammatik besser zu verstehen.

this/that

Wir verwenden „this" und „that" nur für Nomen, die im Singular stehen.

„This" und „that" werden verwendet, um sich auf ein Objekt, eine Person oder eine Idee zu beziehen. Sie ersetzen ein Nomen im Satz, damit du nicht ständig dasselbe Wort verwenden musst. Es ist das gleiche Prinzip wie bei den Personalpronomen, über die wir schon ausführlich gesprochen haben.

Wir verwenden „this", wenn wir auf einzelne Objekte, Personen oder Ideen in unserer Nähe hinweisen wollen.

Hier sind einige Beispiele:

This is my pen.
Das ist mein Stift.

This is good food.
Das ist gutes Essen.

This book is Bartmann's.
Das Buch gehört Bartmann.

This is my friend Bartmann.
Das ist mein Freund Bartmann.

Wir verwenden „that", wenn wir auf einzelne Objekte, Personen oder Ideen verweisen wollen, die sich in einiger Entfernung von uns befinden.

Auch hierfür einige Beispiele:

That is his pen.
Das ist sein Stift.

That book is Bartmann's.
Das Buch gehört Bartmann.

That was a good dinner.
Das war ein gutes Essen.

That guy over there is Bartmann!
Der Typ da drüben ist Bartmann!

these/those

Wir verwenden „these" und „those" für Nomen, die im Plural stehen.

Du erinnerst dich: Für fast jede Singularform gibt es auch eine Pluralform. Wir fügen für gewöhnlich ein „s" am Ende eines Nomens an, um es in den Plural zu setzen. (Du kannst gern noch einmal zu Kapitel 1 blättern, wenn du es im Detail nachlesen möchtest.)

„These" ist die Pluralform von „this". Sie wird auf die gleiche Weise verwendet, nur eben mit Nomen im Plural.

Wir verwenden „these", wenn wir auf mehrere (gleichartige) Objekte, Personen oder Ideen in unserer Nähe verweisen wollen.

Hier sind einige Beispiele:

These shoes are awesome!
Diese Schuhe sind super!

These are my pens.
Das sind meine Stifte.

These TikTok videos from Bartmann are cool.
Diese TikTok-Videos von Bartmann sind cool.

These are my friends, Bartmann and Tom.
Das sind meine Freunde, Bartmann und Tom.

„Those" ist die Pluralform von „that".

Wir verwenden „those", wenn wir auf mehrere (gleichartige) Objekte, Personen oder Ideen verweisen wollen, die sich in einiger Entfernung von uns befinden.

Auch hierfür wieder einige Beispiele:

Those shoes are cool!
Diese Schuhe sind cool!

Those are his pens.
Das sind seine Stifte.

Those guys over there are my friends, Bartmann and Tom.
Die Jungs da drüben sind meine Freunde, Bartmann und Tom.

Im Englischen ist die Unterscheidung zwischen „this/that" (Singular) und „these/those" (Plural) sehr wichtig: Wenn du die Demonstrativpronomen nicht richtig verwendest, wissen wir nicht, wovon du sprichst.

ACHTUNG!

Es gibt eine wichtige Regel, die du dir merken solltest. Vielleicht ist es dir bei den Beispielsätzen schon aufgefallen: Das Verb, das du in Verbindung mit dem Demonstrativpronomen benutzt, steht immer in der 3. Person Singular oder Plural. Meistens verwenden wir Demonstrativpronomen in Verbindung mit dem Verb „(to) be".

Verwenden wir als Beispiel einmal das Verb „(to) be" mit Demonstrativpronomen. Du hast „be" in Kapitel 3 bereits ein wenig kennengelernt.

Noch einmal: Da Demonstrativpronomen ein Objekt, eine Person oder eine Idee, über die gesprochen wird, ersetzen, muss das Verb in der 3. Person stehen. „This" und „that" werden mit „is" verwendet. „These" und „those" werden mit „are" verwendet.

Das Verb (to) be (present tense)

	Singular	Plural
1. Person	I am *Ich bin*	we are *wir sind*
2. Person	you are *du bist*	you are *ihr seid*
3. Person	he/she/it is *er/sie/es ist*	they are *sie sind*

Also: „this/that **is**", und „these/those **are**".

Das gilt ebenso für andere Verben, die wir in Verbindung mit Demonstrativpronomen verwenden:

- This boy **sings** a song.
- That boy **doesn't sing** a song.
- These girls **play** the guitar.
- Those girls **don't play** the guitar.

Übung ✷ ☆

Aufgabe 1: Lies noch einmal die Geschichte auf S. 74 und kreise alle Demonstrativpronomen ein, die du findest.

Aufgabe 2: Vervollständige die folgenden Sätze mit „this", „that", „these" oder „those".

1. "May I introduce you? Sarah, _____ is Ben. Ben, _____ is Sarah."

2. "Is _____ Peter over there?" – "No, _____ is Philip."

3. "Are _____ apples in the bowl?" (The bowl is next to you.)

4. "Is _____ your pencil case?" – "Yes, thank you."

5. "What are _____ over there? Are they owls?" – "Yes, they are!"

6. "What is _____ on the table?" – "It is a napkin." (You are sitting at the table.)

Aufgabe 3: Setze die folgenden Sätze in den Singular oder Plural.

1. That is a computer. _____

2. This is a pen. _____

3. These are mountains. _____

4. Those are cars. _____

5. This is a cat. _____

6. Those are bulls! _____

7. Is that a newspaper? _____

6

My journey into the unknown ...

The long, **winding** roads can be really **exhausting** when you're driving alone. I stopped in a quiet **valley** with a **flowing** river to take a break. It was a nice place to rest.

I got out my old iPad. It took ten minutes to turn on every time I wanted to use it! **Nevertheless**, I could still download the newest apps. One that I find cool is called "Among Us". I'd seen a few memes on TikTok about it and wanted to try out the app for myself.

I love video games, but I'm definitely not a "pro gamer". Finally, I was able to start "Among Us". I went **straight** into the first map. I was an "Impostor" at the first go. Awesome!

After watching many others play the game online (like Pewdipie and Julien Bam, for example), I had a good strategy for eliminating everyone else pretty easily.

First, I made one whole **lap** through the entire space station. After that I went directly to security. No one had seen me. I was **on a roll**!

After I eliminated four crewmates, "DISCUSS" popped up on the screen. I was able to **explain** how I was **almost** everywhere even though I was only looping around.

Back in the map I **continued** my circle strategy until only myself and two others were left. To **put the cherry on the cake**, I eliminated one crewmate in front of the other. Victory!

I played a few rounds more before continuing my **journey**.

Meine Reise ins Ungewisse ...

Die langen, **kurvenreichen** Straßen können richtig **anstrengend** sein, wenn man alleine fährt. Ich hielt in einem ruhigen **Tal** mit einem **strömenden** Fluss an, um eine Pause zu machen. Es war ein schöner Ort zum Ausruhen.

Ich holte mein altes iPad heraus. Es brauchte jedes Mal zehn Minuten, um sich einzuschalten, wenn ich es benutzen wollte! **Trotzdem** konnte ich immer noch die neuesten Apps herunterladen. Eine, die ich cool finde, heißt „Among Us". Ich hatte ein paar Memes auf TikTok darüber gesehen und wollte die App selbst ausprobieren.

Ich liebe Videospiele, aber ich bin definitiv kein „Profi-Gamer". Endlich konnte ich „Among Us" starten. Ich ging **direkt** in die erste Map. Ich war gleich beim ersten Mal ein „Impostor". Fantastisch!

Nachdem ich vielen anderen online beim Spielen zugeschaut hatte (wie zum Beispiel Pewdipie und Julien Bam), hatte ich eine gute Strategie, um alle anderen ziemlich leicht zu eliminieren.

Zuerst drehte ich eine ganze **Runde** durch die gesamte Raumstation. Danach ging ich direkt zur Security. Keiner hatte mich gesehen. Es **lief richtig gut** für mich!

Nachdem ich vier Besatzungsmitglieder eliminiert hatte, erschien „DISCUSS" auf dem Bildschirm. Ich konnte **erklären**, dass ich **fast** überall gewesen war, obwohl ich nur eine Runde gedreht hatte.

Zurück in der Map, **setzte** ich meine Strategie des Umkreisens **fort**, bis nur noch ich selbst und zwei andere übrig waren. Um **dem Ganzen die Krone aufzusetzen**, eliminierte ich ein Besatzungsmitglied vor den Augen des anderen. Sieg!

Ich spielte noch ein paar Runden weiter, bevor ich meine **Reise** fortsetzte.

Vokabeln

Nomen | *nouns*

Englisch	Deutsch
valley	Tal
lap	Runde
journey	Reise

Verben | *verbs*

Englisch	Deutsch
(to) explain	erklären
(to) continue	fortsetzen

Adjektive | *adjectives*

Englisch	Deutsch
winding	kurvenreich
exhausting	anstrengend
flowing	fließend
straight	direkt

Adverbien | *adverbs*

Englisch	Deutsch
nevertheless	trotzdem
almost	fast

Redewendungen | *figures of speech*

Englisch	Deutsch
(to be) on a roll	richtig gut laufen
(to) put the cherry on the cake	dem Ganzen die Krone aufsetzen

Possessivpronomen | possessive pronouns

In diesem Kapitel werden wir alles über Possessivpronomen lernen. Possessivpronomen machen unsere Sätze kürzer und einfacher. Du benutzt sie ständig, auch wenn vielleicht unbewusst, denn Possessivpronomen sind fester Bestandteil der meisten Sprachen.

In diesem Grammatikabschnitt sind sich Deutsch und Englisch ziemlich ähnlich. Klingt doch nach einer guten Sache, oder? Also widmen wir uns jetzt den Possessivpronomen – und zwar ganz gechillt.

Zunächst mal: Was sind Possessivpronomen? Ganz einfach: Possessivpronomen zeigen an, dass etwas zu jemandem gehört. Man nennt sie deswegen auch *besitzanzeigende Wörter*.

Possessivpronomen werden immer mit einem Nomen verwendet.

Die Possessivpronomen sind

- my
- our
- your
- his/her/its
- their

Hier ist eine Tabelle, um es einfacher und übersichtlicher für dich zu machen:

	Singular	Plural
1. Person	I = my *ich = mein*	we = our *wir = unser*
2. Person	you = your *du = dein*	you = your *ihr = euer*
3. Person	he/she/it = his/her/its *er/sie/es = sein/ihr/sein*	they = their *sie = ihr*

Possessivpronomen stehen häufig am Anfang von Sätzen und übernehmen die Funktion des Subjekts. Manchmal stehen sie aber auch in der Mitte des Satzes und verändern das Subjekt oder das Objekt. Wenn du dir dieses erste Beispiel ansiehst, kannst du sehen, wie Possessivpronomen und Nomen zusammen verwendet werden.

1. Person Singular:

My phone is new.
Mein Handy ist neu.

This is **my** new phone.
Das ist mein neues Handy.

Das Possessivpronomen in diesen Beispielen ist „my" und das Nomen ist „phone". Im zweiten Fall steht ein Adjektiv („new") zwischen dem Subjekt (also dem Possessivpronomen) und dem Objekt, aber es ist immer noch die gleiche Regel.

Alle der folgenden Beispiele funktionieren ebenfalls auf diese Weise.

2. Person Singular:

Your coat is beautiful.
Dein Mantel ist wunderschön.

I like **your** beautiful coat.
Ich mag deinen schönen Mantel.

3. Person Singular (denke daran, dass sich das Verb in dieser Form ändert):

His shoes are cool.
Seine Schuhe sind cool.

Her name is Sandra.
Ihr Name ist Sandra.

This is my dog. **Its** fur is brown.
Das ist mein Hund. Sein Fell ist braun.

„It" verwendet einen Apostroph, wenn wir „it is" abkürzen. Es wird dann zu „it's". Der Apostroph zeigt an, dass es sich in Wirklichkeit um zwei Wörter handelt.

ACHTUNG!

Eine wichtige Regel, die du hier beachten musst, ist die Schreibweise von „its". Im Gegensatz zum Verb „be" in der 3. Person hat das Possesivpronomen „its" keinen Apostroph.

Beim Sprechen ist das nicht so wichtig, aber wenn du „its" als Possessivpronomen verwendest, dann denke bitte immer daran, keinen Apostroph zu verwenden! Das ist heute selbst bei Muttersprachlern ein oft gemachter Fehler. Dein Englischlehrer wird also stolz auf dich sein, wenn du es immer korrekt machst.

1. Person Plural:

Our plane is delayed.
Unser Flugzeug ist verspätet.

We need to get to **our** car before it rains.
Wir müssen zu unserem Auto, bevor es regnet.

2. Person Plural:

Your house is big.
Euer Haus ist groß.

My house is smaller than **your** house.
Mein Haus ist kleiner als euer Haus.

3. Person Plural:

Their campervan is old.
Ihr Wohnmobil ist alt.

Sarah and Ben parked **their** van at a campsite.
Sarah und Ben haben ihren Van auf einem Campingplatz geparkt.

Unabhängiges Possessivpronomen

Es gibt aber noch eine weitere Form von Possessivpronomen. Diese ersetzen ein zuvor genanntes Nomen und werden unabhängige Possessivpronomen genannt.

Sie zeigen ebenfalls an, dass etwas zu jemandem gehört. Allerdings werden sie OHNE das dazugehörige Nomen verwendet.

Die Possessivpronomen, die ein Nomen ersetzen, sind:

- mine
- yours
- his/hers
- ours
- yours
- theirs

Sie stehen meist am *Ende* eines Satzes! Die braven Dinger stellen sich also hinten an. Vielleicht macht das die Sache ein bisschen einfacher für dich.

	Singular	Plural
1. Person	I = mine *ich = mein*	we = ours *wir = unser*
2. Person	you = yours *du = dein*	your = yours *ihr = euer*
3. Person	he/she = his/hers *er/sie = sein/ihr*	they = theirs *sie = ihre*

In der 3. Person Singular gibt es nur für „he" und „she" Possessivpronomen (nämlich „his" und „hers"). „It" hat kein eigenes Possessivpronomen. Armes „it"!

Lass uns ein paar Beispiele durchgehen, damit du verstehst, wann wir die unabhängigen Possessivpronomen verwenden.

1. Person Singular:

The white phone is **mine**.
Das weiße Handy ist meins.

Das Subjekt ist „phone", das Verb ist „is", und das Possessivpronomen „mine" nimmt in diesem Satz die Funktion des Objekts ein. Es ersetzt damit ein Nomen.

2. Person Singular:

Is the big bag **yours**?
Ist die große Tasche deine?

3. Person Singular:

Those pencils are **his**.
Diese Bleistifte sind seine.

The sandwich with cheese is **hers**.
Das Sandwich mit Käse ist ihres.

ACHTUNG!

„His" wird immer gleich geschrieben (und gleich ausgesprochen). Egal, ob du es als reguläres oder als unabhängiges Possessiv-pronomen verwendest.

1. Person Plural:

The house on the corner is **ours**.
Das Haus an der Ecke ist unseres.

2. Person Plural:

Which ones are **yours**?
Welche sind eure?

3. Person Plural:

The table and chairs are **theirs**.
Der Tisch und die Stühle sind ihre.

Das war's schon. Kurz und schmerzlos, oder? Herzlichen Glückwunsch! Du hast deine Lektion über Possessivpronomen beendet. Wenn ich einen Wunsch frei hätte, würde ich mir wün-
schen, dass du anfängst, die Possessivpronomen beim Sprechen
ganz bewusst zu verwenden. Es ist völlig normal, Angst vor dem
Sprechen zu haben und davor, Fehler zu machen. Doch je öfter
du dich überwindest und es versuchst, desto sicherer wirst du
werden. Und bald schon merkst du es gar nicht mehr, weil es
ganz wie von selbst passiert.

Lass uns jetzt das neu Erlernte ein wenig üben. Die folgenden
Übungen helfen dir, dich mit den neuen Strukturen besser ver-
traut zu machen.

Übung ✶ ⭐

Aufgabe 1: Lies noch einmal die Geschichte auf S. 86 und
kreise alle Possessivpronomen ein, die du findest.

Aufgabe 2: Trage in die unten stehenden Lücken das jeweils richtige Possessivpronomen ein. Verwende „my",
„our", „your", „his", „her", „its", „their" and „mine", „ours",
„yours", „his", „hers" oder „theirs".

1. These are my friends. _____ names are Ben and
   Sarah.

2. I was born in Munich but _____ Mom was born in Berlin.

3. I want to go to a Taylor Swift concert. I really like _____.

4. I don't have a phone. Can I use _____, Mateo?

5. My wife and I decided that since your car is broken, you can use _____. We don't need it today.

6. The dog is really pretty. I love _____ fur!

7. Tommy left _____ bike at school.

8. Yes, it's _____! Thank you for finding it. I missed it.

9. _____ cat is really sweet. We are very lucky!

10. That ball is definitely _____. I saw them playing soccer with it yesterday.

7

Has anyone ever seen an UFO in Buzludzha?

Have you ever heard of Buzludzha? I hadn't until I arrived in Bulgaria. Somebody I met at a café told me that I had to check out this **monument** in the middle of Bulgaria. It **turned out** to be one of the coolest things I've ever seen in my life. On the top of a mountain there's a giant building made from **concrete** that looks **as though** an UFO landed there and turned to stone.

But why exactly is there something that looks so strange in a place like this? No one was around to ask but I found a sign explaining (thankfully in my language) the history of Buzludzha. I found out that the monument was built in this place for several reasons. One of which is that it was where the final **battle** between the Bulgarian rebels and the Ottoman Empire was **fought** in 1868. **Interesting.**

I now wanted to check out what was inside this UFO! The front doors were **unfortunately closed**, so I walked around the building to see if there was another **opening**. There was. It was just big enough for me to **squeeze** into.

It really did seem like a UFO from the inside as well. Just a single huge circular room. There were holes in the **ceiling** from which the light **shone through** and hit many spots on the walls.

There was a **stairwell** that led up to an **observation circuit** that gave a 360-degree view over the entire **surroundings**. The mountain itself was over 1400 metres high, therefore it was easy to see far and wide. I'm sure this is why it's been a place for battles. You would have been able to see any **enemy** long before he got here.

It started getting dark and I definitely didn't want to be there at night. As I left, I thought to myself, "Now I can say I've been in a UFO!" ☺

Hat schon mal jemand ein Ufo in Busludscha gesehen?

Hast du schon jemals von Busludscha gehört? Ich nicht, bis ich in Bulgarien ankam. Jemand, den ich in einem Café traf, erzählte mir, dass ich mir dieses **Denkmal** mitten in Bulgarien ansehen müsse.

Es **erwies** sich als eines der coolsten Dinge, die ich in meinem Leben je gesehen habe. Auf dem Gipfel eines **Berges** steht ein **riesiges** Gebäude aus **Beton**, das aussieht, **als ob** dort ein Ufo gelandet und zu Stein geworden **wäre**.

Aber warum ist da etwas, das so seltsam aussieht, an einem Ort wie diesem? Niemand war in der Nähe, den ich hätte fragen können, aber ich fand ein Schild, das (zum Glück in meiner Sprache) die Geschichte von Busludscha erklärte. Ich fand heraus, dass das Denkmal an dieser Stelle aus mehreren Gründen errichtet wurde. Einer davon ist, dass hier im Jahr 1868 die letzte **Schlacht** zwischen den bulgarischen Rebellen und dem Osmanischen Reich **gekämpft** wurde. **Interessant.**

Ich wollte nun nachsehen, was sich im Inneren dieses Ufos befindet! Die vorderen Türen waren **leider verschlossen**, also lief ich um das Gebäude herum, um zu sehen, ob es noch eine weitere **Öffnung** gab. Es gab eine. Sie war gerade groß genug, damit ich mich **hineinquetschen** konnte.

Auch von innen sah es wirklich wie ein Ufo aus. Nur ein einziger großer runder Raum. Es gab Löcher in der **Decke**, durch die das Licht **hindurchschien** und viele Punkte an die Wände warf.

Es gab eine **Treppe**, die zu einem **Aussichtsrundgang** führte, der einen 360-Grad-Blick über die gesamte **Umgebung** bot. Der Berg selbst war über 1400 Meter hoch, sodass es einfach war, in die Ferne und die Weite zu blicken. Ich bin mir sicher, dass dies der Grund ist, warum es ein Ort für Schlachten war. Man wäre in der Lage gewesen, jeden **Feind** zu sehen, lange bevor er hier ankam.

Es begann dunkel zu werden, und ich wollte definitiv nicht in der Nacht dort sein. Als ich ging, dachte ich mir: „Jetzt kann ich sagen, dass ich in einem Ufo gewesen bin!" ☺

Vokabeln

Nomen | *nouns*

Englisch	Deutsch
monument	Denkmal
mountain	Berg
concrete	Beton
battle	Schlacht
opening	Öffnung
ceiling	Decke
stairwell	Treppe
observation circuit	Aussichtsrundgang
surrounding	Umgebung
enemy	Feind

Verben | *verbs*	
Englisch	Deutsch
(to) turn out	erweisen
(to) fight	kämpfen
(to) close	verschließen
(to) squeeze	hineinquetschen
(to) shine through	durchscheinen

Adjektive | *adjectives*	
Englisch	Deutsch
giant	riesig
interesting	interessant

Adverbien | *adverbs*	
Englisch	Deutsch
as though	als ob
unfortunately	leider

Indefinitpronomen, die sich auf Personen beziehen | *indefinite pronouns referring to persons*

Du hast wahrscheinlich schon bemerkt, dass es im Englischen eine Menge verschiedener Pronomen gibt. Pronomen sind wichtig. Weißt du noch, was ihre Funktion ist?

Richtig, Pronomen ersetzen Nomen, damit wir in einem Satz nicht immer wieder dieselben Wörter benutzen müssen.

Bei Indefinitpronomen – im Deutschen heißen sie auch *unbestimmte Pronomen* – sieht die Sache ein bisschen anders aus. Indefinitpronomen sind einfach eine andere Form von Pronomen als die, die du schon kennst. Wofür sind sie da? Du verwendest sie, wenn du auf eine Sache, eine Person oder eine Idee verweisen willst, die nicht konkret genannt werden muss oder kann.

Es gibt Indefinitpronomen, die sich auf Personen beziehen, und es gibt Indefinitpronomen, die sich auf Gegenstände oder Ideen beziehen. Konzentrieren wir uns aber erst mal nur auf die, die sich auf Personen beziehen – also auf die *unbestimmten Personalpronomen*.

Einige unbestimmte Pronomen sind:

- somebody
- anybody
- nobody
- someone
- anyone
- no one

Es gibt noch mehr, aber das sind die, auf die wir uns in dieser Lektion konzentrieren werden.

Unbestimmte Pronomen im Singular

Alle oben genannten Pronomen sind Indefinitpronomen im Singular.

Sie werden in Verbindung mit Verben verwendet, die in der 3. Person Singular stehen. Das liegt daran, dass sie eine Person repräsentieren und sich also auf „he" oder „she" beziehen. Beachte: Diese Pronomen beziehen sich nur auf Personen, nicht auf Dinge, daher verwenden wir nicht die „it"-Form der 3. Person.

Wir benutzen diese Pronomen auch, wenn wir mit unseren oder über unsere Haustiere sprechen.

Ob wir uns auf einen Mann oder eine Frau beziehen, spielt keine Rolle: Wir benutzen für beide Geschlechter Indefinitpronomen wie „some*body*" oder „any*one*". Das kann manchmal ein bisschen verwirrend sein, weil diejenigen, die uns zuhören, vielleicht nicht wissen, welches Geschlecht die Person hat, über die wir da gerade sprechen.

Die Wörter „someone" und „somebody" haben dieselbe Bedeutung, du kannst dir also aussuchen, welches du verwendest. Die Wörter „anyone" und „anybody" haben ebenfalls dieselbe Bedeutung und können untereinander ausgetauscht werden. Achtung, jetzt nicht gleich *alle* Regeln über Bord werfen: Zwischen „somebody/someone" und „anybody/anyone" gibt es durchaus einen Unterschied.

Schauen wir uns ein Diagramm an, um etwas Ordnung in die Dinge zu bringen.

1. Person	I *ich*
2. Person	you *du*
3. Person	he/she (somebody, anybody, nobody, someone, anyone, no one) *er/sie (jemand, jemand, niemand, jemand, jemand, niemand)*

ACHTUNG!

Du erinnerst dich sicher an die Eselsbrücke: „He/she/it", das „s" muss mit. Das passiert auch bei Aussagesätzen, die eines unserer Indefinitpronomen beinhalten.

Wenn ein Satz dagegen mit einer Frage anfängt, dann ändert sich das Verb nicht.

Lass uns ein paar Sätze mit diesen Wörtern bilden, damit du verstehst, wie und warum wir sie benutzen.

somebody/someone

Somebody needs to come clean the kitchen.
Jemand muss kommen und die Küche sauber machen.

Does **somebody** need me to clean the kitchen?
Braucht mich jemand, um die Küche zu putzen?

Someone is knocking at the door.
Jemand klopft an die Tür.

Can **someone** open the door, please?
Kann jemand die Tür öffnen, bitte?

anybody/anyone

Anybody can see that the Werners are not at home. Their lights are out.
Jeder kann sehen, dass die Werners nicht zu Hause sind. Ihre Lichter sind aus.

Can **anybody** see if the Werners are at home?
Kann irgendjemand sehen, ob die Werners zu Hause sind?

Anyone who likes Bartmann's TikTok videos is cool.
Jeder, der Bartmanns TikTok-Videos mag, ist cool.

Does **anyone** want to make a TikTok with Bartmann?
Hat jemand Lust, ein TikTok mit Bartmann zu machen?

Wenn du „anyone" oder „anybody" in einem verneinenden Satz verwendest, zeigt das Verb in der 3. Person Singular die Verneinung an. Es heißt also nicht „Not anybody is at home", wenn du sagen willst, *dass* niemand zu Hause ist. Stattdessen verwenden wir die folgende Formulierung:

107

There **isn't anyone** at home.
Da ist niemand zu Hause.

In einer Frage wird es ohne verneinendes Verb verwendet:

Is anybody at home?
Ist jemand zu Hause?

nobody/no one

„Nobody" und „no one" werden *nur* in bejahenden Sätzen verwendet. Sie werden nicht in Form einer Frage verwendet.

Wenn wir „nobody/no one" verneinen wollen, dann benutzen wir *nur* „anybody/anyone", *nicht* „somebody/someone".

ACHTUNG!

„No one" ist eine fixe Formulierung, die „niemand" oder „keiner" bedeutet und immer aus zwei Wörtern besteht. „Noone" oder „none" sind **falsche** Schreibweisen.

Nobody sees the stars at night when the lights are on.
Niemand sieht die Sterne in der Nacht, wenn die Lichter an sind.

No one wants to go to the store.
Niemand will zum Laden gehen.

Hier sind Beispiele, wie wir einen bejahenden Satz in einen ver- neinenden Satz umwandeln, indem wir statt „nobody/no one" die Indefinitpronomen „anybody/anyone" verwenden:

Positive Aussage:

There is **nobody** in the house.
Es ist niemand im Haus.

Negative Aussage:

There **isn't anybody** in the house.
Es ist niemand im Haus.

Wie du siehst, ist es im Deutschen der gleiche Satz, aber im Eng- lischen nicht! Die negative Aussage im Deutschen würde lauten: „Es ist nicht jemand im Haus." Klingt ein bisschen seltsam, das würdest du so nicht verwenden, oder? Ich schreib's mir am bes- ten gleich mal selbst in mein Deutschheft.

In Fragesätzen verwenden wir „anybody/anyone", *nicht* „nobody/ no one":

Is **anybody** in the house?
Ist jemand im Haus?

some/any

Lass uns zu den Wörtern „some" und „any" übergehen. Auch das sind wichtige Wörter im Englischen. Wir verwenden sie, um über die Mengen von Dingen zu sprechen.

some

„Some" bezieht sich auf etwas, dessen Menge nicht genau bestimmt werden kann.

„Some" wird nur in einer Frage verwendet, wenn ein Angebot gemacht wird oder es sich um eine Bitte um etwas handelt.

„Some" wird meistens in positiven, also bejahenden Sätzen verwendet. Die Frage „can" wird *nur* mit „some" verwendet.

Schauen wir uns einige Beispiele an:

I have **some** more homework to finish.
Ich muss noch einige Hausaufgaben erledigen.

Can I have **some** cake?
Kann ich etwas Kuchen haben?

any

Du verwendest „any", wenn du über etwas Unbestimmtes sprichst.

Außerdem beschreibt auch „any" eine unbestimmte oder unvollständige Menge, und es wird verwendet, wenn der Sprecher keine Zahl oder genaue Menge angeben kann, muss oder will.

„Any" wird meist in verneinenden Sätzen verwendet.

I **don't** have **any** homework.
Ich habe keine Hausaufgaben.

I **don't** have **any** cake.
Ich habe keinen Kuchen.

„Any" kann auch in der bejahenden Form in Fragen verwendet werden. Es kann allerdings nicht mit dem Fragewort „can" verwendet werden.

Do you have **any** homework?
Hast du irgendwelche Hausaufgaben?

Lass uns das, was wir gelernt haben, in die Praxis umsetzen. Das wird dir helfen zu verstehen, wann und wie du diese Wörter im Englischen verwenden kannst.

Übung

Aufgabe 1: Lies noch einmal die Geschichte auf S. 99 und kreise alle Indefinitpronomen ein, die du finden kannst.

Aufgabe 2: Trage in die unten stehenden Lücken das jeweils richtige Indefinitpronomen ein. Verwende „somebody", „someone", „anybody", „anyone", „nobody" oder „no one".

1. Does _____ want to go to the movies?

2. I hear a noise. Is there _____ out there?

3. I'm sad because _____ remembered my birthday.

4. _____ took a pencil from my desk. Do you know who?

5. _____ came to the party.

6. Can _____ help me, please?

Aufgabe 3: Trage in die unten stehenden Lücken das jeweils richtige Indefinitpronomen ein. Verwende „some" oder „any".

1. I have _____ leftover cake. Do you want it?

2. Is there _____ cake left?

3. There are _____ big trees in the park.

4. There aren't _____ flowers in our garden.

8

I climbed the Meteora monasteries

So, this was the land of the Gods? I was **looking** at a scenic view of mountains, rocks and cliffs. Built upon them were many **monasteries** and hermitages. The name of this rock formation in the beautiful country of Greece was Meteora. I had never seen anything like it! It's a good thing I did a little **research** on it before arriving.

More than 500 years ago, these monasteries were **built** by **monks** to keep them safe from the wars **happening** at that time. Nowadays, they are an important **tourist destination** and a UNESCO World Heritage site.

I decided to challenge myself by climbing up to the monasteries from the bottom of the mountain range. (If you would also like to see Bartmann without a **beard**, there is a short video clip of me climbing up the mountain. Just head on over to YouTube and look for Bartmann1!)

Crawling my way to the top was a **struggle**, but I made it! It took all the **strength** I had. It was also mega hot outside. The view from the top was **unbelievable**. I had a panoramic view of the entire landscape. I kept thinking about how the monks had made it up here over 500 years ago. I was very **impressed**.

Today, six monasteries can be visited on six separate **mountain pillars**. Each one is very different and is **unique**. I went into the one that was directly in front of me. I saw a few monks walking around quietly and saying **prayers** to themselves. There are still monks living here today.

It is amazing that these ancient buildings are still **standing**. It's also amazing that monks are still living up here. It was like I had been **transported** to another time. I was really **blown away** by all of this.

I stayed for the whole afternoon and wandered around this **magnificent** place. In Australia, we don't have anything like this. It was so interesting to see a place where time has stood still and history is **fully present**.

Ich erklomm die Meteora-Klöster

War dies also das Land der Götter? Ich **blickte** auf eine malerische Landschaft aus Bergen, Felsen und Klippen. Auf ihnen waren viele **Klöster** und Einsiedeleien errichtet. Der Name dieser Felsenformation im wunderschönen Griechenland ist Meteora. So etwas hatte ich noch nie gesehen! Gut, dass ich vor meiner Ankunft eine kleine **Recherche** über Meteora gemacht habe.

Vor mehr als 500 Jahren wurden diese Klöster von **Mönchen gebaut**, um sich vor den Kriegen zu schützen, die zu dieser Zeit **stattfanden**. Heutzutage sind sie ein wichtiges **Touristenziel** und gehören zum UNESCO-Weltkulturerbe.

Ich beschloss, mich selbst herauszufordern, indem ich vom Fuße der Bergkette zu den Klöstern hinaufstieg. (Wenn du Bartmann mal ohne **Bart** sehen möchtest, gibt es einen kleinen Videoclip von mir, wie ich den Berg hinaufklettere. Schau einfach mal bei YouTube vorbei und suche nach Bartmann1!)

Der Weg nach oben war ein **Kampf**, aber ich habe es geschafft! Es kostete mich alle **Kraft**, die ich hatte. Es war auch megaheiß draußen. Die Aussicht vom Gipfel aus war **unglaublich**. Ich hatte einen Panoramablick über die gesamte Landschaft. Ich musste immer wieder daran denken, wie die Mönche es vor über 500 Jahren hierhinauf geschafft hatten. Ich war sehr **beeindruckt**.

Heute können noch sechs Klöster auf sechs verschiedenen **Berg-gipfeln** besichtigt werden. Jedes sieht anders aus und ist auf eigene Weise **besonders**. Ich ging in dasjenige, das direkt vor mir lag. Ich sah ein paar Mönche, die leise umhergingen und **Gebete** vor sich hin sprachen. Hier leben auch heute noch Mönche.

Es ist erstaunlich, dass diese uralten Bauwerke noch **stehen**. Es ist auch erstaunlich, dass hier oben immer noch Mönche leben. Es war, als ob ich in eine andere Zeit **versetzt** worden wäre. Ich war wirklich **überwältigt** von alldem.

Ich blieb den ganzen Nachmittag und schlenderte durch diesen **großartigen** Ort. In Australien haben wir so etwas nicht. Es war so interessant, einen Ort zu sehen, an dem die Zeit stehen geblieben ist und die Geschichte **vollkommen greifbar** ist.

Vokabeln

Nomen | *nouns*

Englisch	Deutsch
monastery	Kloster
research	Recherche
monk	Mönch
tourist destination	Touristenziel
beard	Bart
struggle	Kampf
strength	Kraft
mountain pillar	Berggipfel
prayer	Gebet

Verben | *verbs*	
Englisch	Deutsch
(to) look	blicken
(to) build	bauen
(to) happen	stattfinden
(to) impress	beeindrucken
(to) stand	stehen
(to) transport	versetzen

Adjektive | *adjectives*	
Englisch	Deutsch
unbelievable	unglaublich
unique	einzigartig
blown away	überwältigt
magnificent	großartig
fully	vollkommen
present	präsent, greifbar

Hauptsätze und Nebensätze | *independent clauses and subordinate clauses*

Wir steigen jetzt in ein ziemlich intensives Kapitel der englischen Grammatik ein. Deine Augen weiten sich, und du steckst deine Nase gleich noch ein bisschen tiefer ins Buch, denn du LIEBST Herausforderungen. Stimmt's oder hab' ich recht? Siehste!

Wir gehen auch ganz easy an die Sache heran und teilen alles in kleine Schritte und Beispiele auf. Das wird dir helfen, dieses Kapitel besser zu verstehen. Letztlich ist diese Lektion wie ein Puzzle, bei dem die einzelnen Teile nach und nach wie von selbst an die richtige Stelle rücken.

Mach dir immer wieder bewusst, dass das Erlernen einer Sprache immer eine Herausforderung darstellt und ein bisschen Frust normal ist. Ein Sprache zu lernen ist, wie einen Berg hinaufzusteigen. Je höher du kommst, desto weiter kannst du blicken, und wenn du es bis ganz nach oben geschafft hast, dann fühlst du dich unbesiegbar. Aber um sicher voranzukommen, solltest du dir Zeit nehmen. Das gilt auch für die Kapitel in diesem Buch, mit denen du vielleicht Schwierigkeiten hast: Je langsamer du vorgehst, desto einfacher wird es sein, alles zu verstehen.

Ich bin hier, um dir zu helfen, Englisch zu lernen, und zwar auf eine Weise, die Spaß macht und aufregend ist! Ich weiß selbst, wie schwierig es sein kann, eine Sprache zu lernen. Ich gönne mir die Zeit, um neue Grammatikregeln in mein Gehirn einfließen zu lassen. Ich gehe die Dinge wirklich langsam an, wenn sie schwer sind. Ich stelle auch eine Menge Fragen. Zum Beispiel: Wofür um Himmels willen braucht ihr drei Artikel? Der, die *und* das?! *The* ist doch vollkommen ausreichend! Kein Mensch braucht mehr als einen Artikel!

Also dann atme einmal tief durch, und wir beginnen mit der nächsten Lektion. Und wie immer gilt: Wenn du etwas nicht verstehst, frage ruhig deine Englischlehrerin oder jemanden in der Familie, der gut Englisch spricht.

Hauptsätze

Dieses Kapitel beschäftigt sich mit Hauptsätzen *(independent clauses)* und Nebensätzen *(subordinate clauses)*. Und weißt du, was? Du weißt bereits, was ein Hauptsatz ist.

Ein Hauptsatz ist nichts anderes als ein normaler Satz. Ein Hauptsatz kann für sich allein stehen oder Teil eines Satzgefüges sein. Er bildet einen in sich schlüssigen Gedanken oder Sachverhalt ab.

Ein Hauptsatz ist grammatikalisch vollständig – das bedeutet, er hat ein Subjekt + ein Verb + ein Objekt.

Schauen wir uns die Beispiele an, zunächst in positiven, also bejahenden Sätzen:

Subjekt	Verb	Objekt
I	like	pizza.
Ich	*mag*	*Pizza.*
You	eat	fruit.
Du	*isst*	*Obst.*
She	plays	video games.
Sie	*spielt*	*Videospiele.*

Und dann ein paar Beispiele für verneinende Sätze:

Subjekt	Verb	Objekt
We don't	need	rain boots.
Wir	*brauchen*	*keine Gummistiefel.*
You don't	have	a television.
Ihr	*habt*	*keinen Fernseher.*
They don't	want	skateboards.
Sie	*wollen*	*keine Skateboards.*

So. Das fühlt sich noch nicht an, als hätte ich dich einen Berg hochklettern lassen, oder? Alles easy, und eigentlich nur eine Wiederholung von Sachen, die du schon weißt. Aber wir brauchten es als Einstieg in den nächsten Grammatikteil.

Nebensätze

Nun wissen wir, was ein Hauptsatz ist: ein grammatikalisch unabhängiger, in sich geschlossener Satz. Was aber genau ist dann ein Nebensatz?

Nehmen wir mal folgendes Beispiel:

„Ich muss ins Bett gehen, wenn der Film vorbei ist." Das ist eine simple Aussage, die aus einem Hauptsatz und einem Nebensatz besteht. Den Hauptsatz erkennst du sofort, na klar: „Ich muss ins Bett gehen." Eine Runde Applaus, wenn du mir jetzt den Nebensatz nennen kannst … Yes! Richtig! „… wenn der Film vorbei ist."

Nebensätze sind also Gedanken oder Sachverhalte, die als selbstständige Teile oder Blöcke den einfachen Hauptsatz ergänzen. Sie werden dabei durch bestimmte „helfende Wörter" mit einem Hauptsatz verbunden und ergänzen diese um zusätzliche Informationen. Im Beispielsatz oben ist „wenn" dieses helfende Wort.

Beachte: Nebensätze sind inhaltlich und grammatikalisch unvollständig. Sie müssen daher an einen Hauptsatz angehängt werden, um Sinn zu ergeben.

Ein Nebensatz hat ebenfalls ein Subjekt und ein Verb, genau wie ein Hauptsatz. Manche Nebensätze haben auch ein Objekt.

Nebensätze beinhalten Aussagen, die sich auf den anderen Teil des Satzes beziehen (auf den Hauptsatz). Nebensätze sind also ein Teil von zwei oder mehr Gedanken oder Handlungen, die sich gegenseitig brauchen, um zu geschehen. Es ist vergleichbar mit einer Kette, die aus mehreren Gliedern besteht und erst dann eine vollständige Kette bildet. Deshalb werden Nebensätze manchmal auch Gliedsätze genannt.

Wir benutzen Nebensätze, wenn wir komplexe Ideen erklären möchten. Du machst das im Deutschen eigentlich die ganze Zeit, ohne es zu merken. Jetzt ist es an der Zeit, dass du es im Englischen ausprobierst!

Kommen wir noch mal auf die „helfenden Wörter" zu sprechen, die ich oben erwähnt habe. Diese Wörter werden im Englischen *conjunction* oder auch *independent marker* genannt, was so viel heißt wie: unabhängige Markierung. Im Deutschen nennt man sie *Bindewort* oder auch *Konjunktion*. In beiden Sprachen gibt es sehr, sehr viele solcher Konjunktionen. Fangen wir einfach mit der folgenden Auswahl an:

- after
- because
- if
- once

- although
- until
- while
- when

Nebensätze können vor oder nach dem Hauptsatz stehen:

I have to go to bed when the movie is over.
Ich muss ins Bett gehen, wenn der Film vorbei ist.

When the movie is over, I have to go to bed.
Wenn der Film vorbei ist, muss ich ins Bett gehen.

ACHTUNG!

Im Englischen werden Nebensatz und Hauptsatz durch ein Komma voneinander getrennt, wenn der Nebensatz vorne steht. Wenn der Hauptsatz vorne steht, wird kein Komma gesetzt.
Im Deutschen werden Hauptsatz und Nebensatz in beiden Fällen durch ein Komma getrennt.

Wenn der Nebensatz *vor* dem Hauptsatz steht, dann braucht er ein Komma.

Lass uns die oben genannten Konjunktionen benutzen, um Sätze zu bilden.

Konjunktion + Subjekt + Verb (Komma) Subjekt + Verb + Objekt

Nebensatz	Hauptsatz
After I ate,	I went to bed.
Nachdem ich gegessen hatte,	*ging ich ins Bett.*

Subjekt + Verb + Objekt + Konjunktion + Subjekt + Verb

Hauptsatz	Nebensatz
I went to bed	after I ate.
Ich ging ins Bett,	*nachdem ich gegessen hatte.*

Du siehst, es ist so ähnlich wie im Deutschen. Also gar nicht so schwer. Machen wir weiter mit den restlichen Konjunktionen.

because

Wir beginnen niemals einen Satz mit „because". Das ist ein großes englisches Grammatik-No-Go. Bitte merk dir das. „Because" steht immer nach einem Hauptsatz.

I like her because she is nice.
Ich mag sie, weil sie nett ist.

„because she is nice" kann nicht allein stehen. „Because" wird verwendet, um etwas im Satz zu beantworten.

if

Oft wird „if" im Satz mit „then" verwendet, so wie du es aus dem Deutschen kennst, wenn du wenn-dann-Sätze bildest:

If I give her ice cream, then she will be happy.
Wenn ich ihr ein Eis gebe, dann wird sie glücklich sein.

Ähnlich wie im Deutschen kann das „then" aber auch manchmal wegfallen:

If I give her ice cream, she will be happy.
Wenn ich ihr ein Eis gebe, wird sie glücklich sein.

Oder andersherum:

She will be happy if I give her ice cream.
Sie wird glücklich sein, wenn ich ihr ein Eis gebe.

once

Once I talked to the teacher, everything was okay.
Kaum dass ich mit dem Lehrer gesprochen hatte, war alles in Ordnung.

Everything was okay once I talked to the teacher.
Alles war in Ordnung, kaum dass ich mit dem Lehrer gesprochen hatte.

although

Although it's still cold, spring is here.
Obwohl es noch kalt ist, ist der Frühling da.

Spring is here although it's still cold.
Der Frühling ist da, obwohl es noch kalt ist.

until

Until dinner is ready, it will be a long time.
Bis das Abendessen fertig ist, ist es eine lange Zeit.

It will be a long time until dinner is ready.
Es ist eine lange Zeit, bis das Abendessen fertig ist.

while

While I was gone, the cat ate all her food.
Während ich weg war, hat die Katze ihr ganzes Futter gefressen.

The cat ate all her food while I was gone.
Die Katze hat ihr ganzes Futter gefressen, während ich weg war.

Das war doch gar nicht so schlimm, oder? Du siehst: Sobald wir die Dinge in kleinere Teile zerlegen, sind sie leichter zu verstehen. Ich hoffe, dass dir das hilft, denn ich möchte, dass du die englische Sprache fantastisch sprechen wirst.

Du ahnst, was jetzt kommt? Richtig, ich habe ein paar Übungsaufgaben für dich zusammengestellt. Du schaffst das!

Übung

Aufgabe: Setze bei den folgenden Beispielen den Nebensatz vor den jeweiligen Hauptsatz – und umgekehrt.

1. After I ate dinner, I took a walk.

   _____

2. While I was waiting, I read a magazine.

   _____

3. I like the weather in Australia although it is hot.

   _____

4. I will learn English once I get a good book.

   _____

5. If I finish my homework, then I can watch a movie.

_____

6. I watched TikTok videos after I came home from school.

_____

7. Although I am tired, I still have to go to school.

_____

8. I played with my baby brother while my Mom cooked dinner.

_____

9. Once the rain stops, I'll go outside.

_____

10. I can get a new computer if my grades are good.

_____

9

I didn't get lost in York, did I?

Taking a walk through the **narrow** streets of York I realized that I didn't even know where I was anymore. The streets were **slender** and a cold wind blew. There weren't any **street signs**. This was **frustrating** for me. At the same time, it was also fun. I didn't need to worry, I would find my way around somehow. I am, after all, Bartmann!

As I **stumbled** around the small town, I realized that this would be a great TikTok video! What **sort** of TikTok would be good for this? It would be cool to somehow show all the small **twists** and **turns** of this town.

I could walk around and film myself turning the corners, making many left and right hand turns. Afterwards, I would **speed up** the video and show the **scenic** side of York.

As I was walking around, I realized that it's not an easy thing to do. I had to walk at a **steady** pace and be careful not to **lose** focus. I walked around the small town until I arrived at its **outer walls**. I then decided to **hop up** on the **barrier walls** and walk the entire **distance** around York. This only took about 15 minutes! I couldn't believe it. It had taken me several hours to get around inside the city.

I was finished with the video. I just needed to add a few effects, music and a little bit of text. This one will be a **ripper**! Finally, I uploaded it and guess what happened? It went viral. 200,000 views in an hour!

I was surprised that people liked the **sped-up** virtual tour of York. It wasn't like my normal TikTok videos. Maybe I'm on to something new here!

Ich habe mich doch nicht in York verirrt, oder?

Bei einem Spaziergang durch die **engen** Straßen von York bemerkte ich, dass ich nicht mehr wusste, wo ich mich befand. Die Straßen waren **schmal,** und ein kalter Wind wehte. Es gab keine **Straßenschilder**.

Das war **frustrierend** für mich. Gleichzeitig war es aber auch lustig. Ich brauchte mir keine Sorgen zu machen, ich würde mich schon irgendwie zurechtfinden. Ich bin ja schließlich Bartmann!

Als ich durch die kleine Stadt **stolperte**, wurde mir klar, dass dies ein tolles TikTok-Video werden würde! Welche **Art** von TikTok würde sich dafür eignen? Es wäre cool, irgendwie all die kleinen **Winkel** und **Kurven** dieser Stadt zu zeigen.

Ich könnte herumlaufen und mich dabei filmen, wie ich um die Ecken biege und viele Links- und Rechtsabzweigungen mache. Danach würde ich das Video **beschleunigen**, um die **malerische** Seite von York zu zeigen.

Während ich herumlief, wurde mir klar, dass das keine einfache Sache ist. Ich musste in einem **gleichmäßigen** Tempo gehen und gleichzeitig aufpassen, den Fokus nicht zu **verlieren**. Ich lief durch die kleine Stadt, bis ich an ihre **Außenmauern** gelangte. Da beschloss ich, auf die **Mauer** zu **klettern** und die gesamte **Strecke** um York herumzulaufen. Das dauerte nur etwa 15 Minuten! Ich konnte es nicht glauben. Ich hatte mehrere Stunden gebraucht, um mich innerhalb der Stadt zurechtzufinden.

Ich war mit dem Video fertig. Ich musste nur noch ein paar Effekte, Musik und ein bisschen Text hinzufügen. Das hier wird ein **Knaller**! Schließlich habe ich es hochgeladen, und rate mal, was passierte? Es ging viral. 200 000 Views in einer Stunde!

Ich war überrascht, dass die Leute die **beschleunigte** virtuelle Tour durch York mochten. Es war nicht wie meine normalen TikTok-Videos. Vielleicht bin ich hier auf etwas Neues gestoßen!

Vokabeln

Nomen | *nouns*

Englisch	Deutsch
street sign	Straßenschild
sort	Art
twist	Winkel
turn	Kurve
outer wall	Außenmauer
barrier wall	Mauer
distance	Strecke
ripper	Knaller

Verben | *verbs*

Englisch	Deutsch
(to) stumble	stolpern
(to) speed up	beschleunigen
(to) lose	verlieren
(to) hop up	hinaufklettern

Adjektive | *adjectives*

Englisch	Deutsch
narrow	eng
slender	schmal
frustrating	frustrierend
scenic	malerisch
steady	gleichmäßig
sped-up	beschleunigt

Verneinende Sätze | *negative sentences*

Verneinende, also negative Sätze sind im Laufe dieses Buches bereits ein paarmal aufgetaucht. Alle bejahenden, also positiven Sätze können auch verneint werden. Wenn du durch die vorherigen Kapitel blätterst, findest du einige Beispiele für negative Sätze.

In diesem Kapitel werden wir tiefer in diese Satzkonstruktion einsteigen und lernen, wie man sie bildet.

Lass uns beginnen … und zwar mit positiven Sätzen. Aus jedem positiven Satz lässt sich nämlich auch ein negativer Satz bilden.

Positive Sätze

Ein positiver oder bejahender Satz (auch bekannt als Affirmativsatz) stellt einen Gedanken oder Sachverhalt dar.

Du hast im letzten Kapitel gelernt, wie ein Satz aufgebaut ist. Lass es uns noch einmal wiederholen, denn Dinge zu wiederholen ist *immer* gut.

Ein bejahender Satz hat diese Form:

Subjekt + Verb + Objekt

Subjekt	Verb	Objekt
I	like	pasta.
Ich	*mag*	*Nudeln.*
You	eat	meat.
Du	*isst*	*Fleisch.*
He	needs	a bicycle.
Er	*braucht*	*ein Fahrrad.*

Negative Sätze

Wie können wie gesagt alle positiven Sätze in negative Sätze umwandeln. Ein verneinender oder negativer Satz stellt einen Gedanken oder Sachverhalt dar, der nicht stattfindet oder falsch ist.

Es gibt mehrere Möglichkeiten, einen negativen Satz zu bilden.

Wir können „not" verwenden oder das Verb „do not/does not", um Sätze zu verneinen.

Verben, auf die *not* folgt

Um einen negativen Satz mit den folgenden Verben zu bilden, musst du „not" hinter sie setzen.

- (to) be
- could
- should
- would

- will
- might/may
- can

Schauen wir uns einige Beispiele an:

Das Verb (to) be

Singular		
Subjekt	Verb + Negation	Objekt
I	am not (I'm not)	happy.
Ich	*bin nicht*	*glücklich.*
You	are not (aren't)	tired.
Du	*bist nicht*	*müde.*
He/She/It	is not (isn't)	a clown.
Er/Sie/Es	*ist kein*	*Clown.*

Plural		
Subjekt	Verb + Negation	Objekt
We	are not (aren't)	hungry.
Wir	*sind nicht*	*hungrig.*
You	are not (aren't)	afraid.
Ihr	*seid nicht*	*ängstlich.*
They	are not (aren't)	sad.
Sie	*sind nicht*	*traurig.*

Das Verb „(to) be" ist das einzige Verb aus der obigen Liste, das sich verändert. **Alle anderen Verben bleiben in jeder Person gleich.**

Die Verben können auch verkürzt werden. Ich habe die abgekürzten Formen oben in Klammern geschrieben.

ACHTUNG!

Beachte Folgendes beim Verb „(to) be“: Wenn wir „I am not“ abkürzen, wird es zu „I'm not“. Auch bei der Kurzform des Verbs „(to) be“ kriegt die 3. Person Singular mal wieder eine Extrawurst. Wie immer. „He/She/It“ kann auf zwei Arten verkürzt werden: „He's/She's/It's not“ oder „he/she/it isn't“. Beide haben genau die gleiche Bedeutung.

Die anderen Verben (could, should, would, will, might, may und can) werden Hilfsverben genannt und brauchen ein zweites Verb, um den Satz zu vervollständigen. Oft – aber nicht immer – folgt auf diese Verben ein Objekt. Das Verb kann jedoch auch allein stehen.

Hier ist ein weiteres Beispiel mit „will“.

Singular		
Subjekt	Hilfsverb + Negation	Verb + Objekt
I	will not (won't)	go to the store.
Ich	*werde nicht*	*in den Laden gehen.*
You	will not (won't)	eat dinner.
Du	*wirst nicht*	*zu Abend essen.*
He/She/It	will not (won't)	drive.
Er/Sie/Es	*wird nicht*	*fahren.*

Plural		
Subjekt	Hilfsverb + Negation	Verb + Objekt
We	will not (won't)	get tomatoes.
Wir	*werden keine*	*Tomaten bekommen.*
You	will not (won't)	see the stars.
Ihr	*werdet nicht*	*die Sterne sehen.*
They	will not (won't)	have cake.
Sie	*werden keinen*	*Kuchen haben.*

Die abgekürzte Form von „will not" ändert sich zu „won't". Dies ist das einzige Verb, bei dem sich das Wort in der abgekürzten Form komplett ändert. Es tut dies in jeder Person.

Alle anderen Verben, die oben in der Liste stehen, werden abgekürzt, indem man hinten ein „n't" anhängt (z. B. should → shouldn't, could → couldn't, etc.).

Verben mit *do/does* davor

Präge dir die kleine Liste von Verben, die ich da oben aufgelistet habe, gut ein. Denn jetzt kommt der Kracher! ALLE anderen Verben im Englischen verwenden zusätzlich das Verb „(to) do", wenn sie in einem Negativsatz verwendet werden. Dies ist ein wichtiger Punkt, den du lernen musst. ALLE Verben, außer die oben genannten, verwenden den folgenden Satzbau.

Nehmen wir „have" und „like" als Beispiel, weil wir diese beiden Verben sehr oft benutzen.

Singular

Subjekt	Negation + Verb	Objekt
I	do not (don't) have	a toothbrush.
Ich	*habe keine*	*Zahnbürste.*
You	do not (don't) have	a skateboard.
Du	*hast kein*	*Skateboard.*
He/She/It	**does** not (doesn't) have	an orange.
Er/Sie/Es	*hat keine*	*Orange.*

Beachte, dass in der 3. Person Singular „do" zu „does" wird.

Plural

Subjekt	Negation + Verb	Objekt
We	do not (don't) have	a television.
Wir	*haben keinen*	*Fernseher.*
You	do not (don't) have	boots.
Ihr	*habt keine*	*Stiefel.*
They	do not (don't) have	apples.
Sie	*haben keine*	*Äpfel.*

In der Pluralform bleibt das Verb „(to) do" immer gleich – auch in der 3. Person Plural ändert es sich nicht.

Auch „do not" und „does not" kürzen wir oft ab: „do not" → „don't" bzw. „does not" → „doesn't".

Im Deutschen setzt man das Verb vor die Verneinung, aber im Englischen kommt es normalerweise nach der Verneinung.

Wenn man Englisch als Fremdsprache lernt, kommt es deshalb oft zu Fehlern.

**Darum aufgepasst! Es heißt NICHT „I have not a sweater",
sondern „I do not have a sweater/I don't have a sweater".**

Schauen wir uns das Verb „(to) like" an.

Singular		
Subjekt	Negation + Verb	Objekt
I	do not (don't) like	her.
Ich	mag	sie nicht.
You	do not (don't) like	loud noises.
Du	magst keine	lauten Geräusche.
He/She/It	does not (doesn't) like	cold weather.
Er/Sie/Es	mag kein	kaltes Wetter.

Beachte im ersten Satz: „I do not like her./I don't like her."

Es heißt NICHT „I like she not" oder „I like her not".

Ich höre das leider immer noch sehr oft, wenn ich unterrichte, aber es ist falsch.

Plural		
Subjekt	Negation + Verb	Objekt
We	do not (don't) like	dogs.
Wir	*mögen keine*	*Hunde.*
You	do not (don't) like	olives.
Ihr	*mögt keine*	*Oliven.*
They	do not (don't) like	their teacher.
Sie	*mögen*	*ihren Lehrer nicht.*

Ich weiß, dass diese Lektion schwer für dich ist, weil ihr es im Deutschen anders macht.

Umso wichtiger ist es, dass du das auswendig auf dem Kasten hast. Wenn Bartmann nachts um drei bei dir klingelt und dich aus dem Bett holt, dann erwartet er, dass du das fehlerfrei anwenden kannst. ☺

Wir sagen im Englischen gern: „Practice makes perfect." Du kennst die deutsche Entsprechung sicher: „Übung macht den Meister." Also gehen wir die Sache positiv an und üben jetzt gleich ein bisschen, wie man negative Sätze bildet. Vergiss dabei das Sprechen nicht. Vielleicht kann deine Schwester oder deine Mutter dich abfragen.

Übung

Aufgabe 1: Lies noch einmal die Geschichte auf S. 128 und kreise alle negativen Verben ein, die du findest.

Aufgabe 2: Schreibe die unten stehenden positiven Sätze in negative Sätze um.

1. He will ride his bike to school.

_____

2. You can have my pencil.

_____

3. I want to go to the store later.

_____

4. You need a sweater.

_____

5. They are going to the party tonight.

_____

Aufgabe 3: Schreibe die unten stehenden negative Sätze in positive Sätze um.

1. We won't eat dinner at home.

   _____

2. They don't like my taste in music.

   _____

3. She should not shower everyday.

   _____

4. He doesn't run very fast.

   _____

5. I am not happy with my test scores.

   _____

10 ✩ *

What do I want to explore in Gran Canaria?

Today I flew into sunny Gran Canaria. I brought only what I needed for **survival**, my phone and charger! Just kidding, but they are really essential these days.

I was staying in a hostel right on the beach. After I checked in, I was ready to explore. Where to? I decided to rent a moped and do a circle around the island. It's not so big and I could see the **majority** of the island in less than a day. So off I went, straight into the **hills beyond** the city. This beautiful day was full of **possibilities** and I was **keen** to **discover** something new.

It wasn't long until I came across a massive structure **tucked away** in a small valley between the hills. "What is it?" I looked it up on my phone (essential, am I right or am I right?) and found out that I was standing in front of an **abandoned** day spa from back in the 70's. I totally wanted to have a look!

I parked my moped next to the entrance and **ventured** inside. The spa was a little wet and dark and **completely** covered with **ferns**.

This would be great for a TikTok vlog! I like doing vlogs when I travel so that I can show people my daily life and I hope they learn new and interesting things. I **whipped out** my phone and documented everything around me. All I had to do now was to edit it and put some cool music on it.

Just before I left, I went up to the **roof** of the **bathhouse** and saw an amazing **sunset**. I took the time to really enjoy it. So often we're too busy to enjoy the little things in life. I was happy to just be there and experience the magic.

Was möchte ich auf Gran Canaria entdecken?

Heute bin ich auf die sonnige Insel Gran Canaria geflogen. Ich habe nur mitgebracht, was ich zum **Überleben** brauche: mein Handy und mein Ladegerät! Scherz, aber die sind heutzutage wirklich unverzichtbar.

Ich übernachtete in einem Hostel direkt am Strand. Nachdem ich eingecheckt hatte, war ich bereit für eine Erkundungstour. Doch wohin? Ich beschloss, ein Moped zu mieten und eine Runde um die Insel zu drehen. Sie ist nicht so groß, und ich konnte den **Großteil** der Insel in weniger als einem Tag sehen.

Also fuhr ich los, direkt in die **Hügel jenseits** der Stadt. Dieser wunderschöne Tag war voller **Möglichkeiten**, und ich war **begierig** darauf, etwas Neues zu **entdecken**.

Es dauerte nicht lange, bis ich auf ein massives Bauwerk stieß, das **versteckt** in einem kleinen Tal zwischen den Hügeln lag. „Was ist das?" Ich schaute auf meinem Handy nach (unverzichtbar, hab ich recht oder hab ich recht?) und fand heraus, dass ich vor einem **verlassenen** Day Spa aus den 70er-Jahren stand. Ich wollte es mir unbedingt ansehen!

Ich parkte mein Moped neben dem Eingang und **wagte** mich hinein. Das Spa war ein wenig feucht und dunkel und komplett mit **Farnen** bedeckt.

Das wäre doch toll für einen TikTok-Vlog! Ich mache gerne Vlogs, wenn ich reise, da ich den Leuten so meinen Alltag zeigen kann und ich hoffe, dass sie neue und interessante Dinge lernen. Ich **zückte** mein Handy und dokumentierte alles um mich herum. Alles, was ich jetzt noch tun musste, war, es zu bearbeiten und mit cooler Musik zu unterlegen.

Kurz bevor ich abreiste, stieg ich auf das **Dach** des **Badehauses** und sah einen fantastischen **Sonnenuntergang**. Ich nahm mir die Zeit, ihn wirklich zu genießen. So oft sind wir zu beschäftigt, um die kleinen Dinge im Leben zu genießen. Ich war glücklich, einfach da zu sein und die Magie zu erleben.

Vokabeln

Nomen | nouns

Englisch	Deutsch
survival	Überleben
majority	Großteil
hill	Hügel
possibility	Möglichkeit
fern	Farn
roof	Dach
bathhouse	Badehaus
sunset	Sonnenuntergang

Verben	verbs	
Englisch	Deutsch
(to) discover	entdecken
(to) venture	wagen
(to) whip out	zücken

Adjektive	adjectives	
Englisch	Deutsch
keen	begierig
tucked away	versteckt
abandoned	verlassen

Präpositionen	prepositions	
Englisch	Deutsch
beyond	jenseits

Fragewörter | question words

Darf ich dich mal was fragen? Was weißt du eigentlich alles über Fragen? Warum ich dich das frage, fragst du mich? Gute Frage! Weil sich in diesem Kapitel alles um das Stellen von Fragen dreht. Fragen zu stellen ist ein wichtiger Teil beim Lernen einer Sprache, denn wir müssen Fragen stellen, damit wir die Dinge besser verstehen können.

Es gibt viele Möglichkeiten, Fragen zu stellen. Einige Fragen haben offene Antworten, während man auf andere schlicht mit

„yes" oder „no" antworten kann. Von dem, was jetzt kommt, ist manches vielleicht neu für dich, aber das meiste davon hast du wahrscheinlich schon einmal gehört. Ich werde dir mein Wissen wieder in kleinen Häppchen servieren, damit du dir alles leichter merken kannst.

Fragewörter, auf die mit „Ja" oder „Nein" geantwortet wird:

- do/does
- will
- would
- can

- could
- should
- may

Wenn diese Wörter am Anfang eines Satzes stehen, ist das ein Anzeichen dafür, dass eine Frage gestellt wird. Die einzig mögliche Antwort darauf ist entweder „yes" oder „no".

Die Struktur eines Fragesatzes sieht so aus:

Fragewort + Subjekt + Verb + Objekt

Unter den Fragewörtern in meiner kleinen Liste gibt es einen Exoten, nämlich das Verb „(to) do". Es folgt als einziges einer besonderen Regel. Wir verwenden „(to) do" im Englischen nämlich oft als Hilfsverb. So auch bei sehr vielen Fragen, die sich auf reguläre Verben beziehen.

Lass uns einen kleinen Umweg über die deutsche Sprache nehmen, damit ich es dir besser erklären kann. Nehmen wir das Verb „trinken", ein reguläres Verb. Eine Frage, die sich auf das Verb „trinken" bezieht, sieht zum Beispiel so aus: „Trinkst du

Apfelsaft?" Das Verb wird an den Anfang des Fragesatzes gestellt und grammatikalisch angepasst, je nachdem, wen du fragen willst. („Trinke ich ...? Trinkst du ...? Trinken wir ...?" und so weiter.)

Würde die deutsche Sprache hier genauso funktionieren wie die englische, würde das ganz anders aussehen, und zwar so: „Tust du trinken Apfelsaft?" Denn im Englischen kommt dem Hauptverb das Hilfsverb „(to) do" zu – ja, du ahnst es schon! – Hilfe und übernimmt die Funktion des Fragewortes. Die korrekte Frage im Englischen würde lauten: „Do you drink apple juice?"

„Tust du trinken Apfelsaft?" → ☹

„Do you drink apple juice?" → ☺

Singular			
Frage-wort	Subjekt	Verb	Objekt
1. Person Do *Brauche*	I *ich*	need	a jacket? *eine Jacke?*
2. Person Do *Willst*	you *du*	want	some cake? *etwas Kuchen?*
3. Person Does *Mag*	he/she/it *er/sie/es*	like	pasta? *Nudeln?*

Die Antworten für die 1. und 2. Person Singular und Plural sind entweder:

Yes, I/you/we/they do.
oder
No, I/you/we/they don't.

Und in der 3. Person Singular und Plural:

Yes, he/she/it does.
oder
No, he/she/it doesn't.

ACHTUNG!

Wie üblich ändert sich bei der 3. Person Singular etwas. Angepasst wird allerdings nur das Hilfsverb und Fragewort „do" - es ändert sich zu „does". Das Hauptverb („drink", „need", „want", „like" und so weiter) bleibt in allen Fällen gleich, und zwar sowohl im Singular als auch im Plural.

Bei allen anderen Fragewörtern in der Liste auf S. 147 ist die Struktur in allen Personen gleich. Die 3. Person Singular ändert sich also nicht, und das Verb in der 3. Person ändert sich ebenfalls nicht.

Hier kannst du dir den Aufbau am Beispiel des Fragewortes „can" anschauen:

Can I eat dinner at Stephanie's?
Kann ich bei Stephanie zu Abend essen?

Die Antwort lautet entweder:

Yes, you can.
Ja, du kannst.

oder

No, you can't.
Nein, kannst du nicht.

Und falls du mir nicht glauben willst, dass die 3. Person Singular diesmal wirklich keine Extrawurst kriegt, habe ich hier noch ein Beispiel mit dem Fragewort „would":

Would she sell her smartphone?
Würde sie ihr Smartphone verkaufen?

Yes, she would.
Ja, (das) würde sie.

No, she wouldn't.
Nein, (das) würde sie nicht.

Fragewörter

Im Englischen gibt es noch viele andere Fragewörter. Wir benutzen diese Wörter, um Informationen über alle möglichen

Dinge zu erfragen, wie zum Beispiel Ort, Zeit, Datum, beteiligte Personen etc.

Hier ist eine Liste weiterer Fragewörter und ein Hinweis darauf, nach *was* oder *wem* sie fragen:

Fragewort	Bedeutung
who	person
wer	*Person*
what	object, idea or an action
was	*Objekt, Idee oder eine Aktion*
where	place
wo/woher	*Ort*
when	time
wann	*Zeitpunkt*
why	reason
wieso/weshalb/warum	*Grund*
which	choice
welche/welcher/welchen	*Auswahl*
whose	possession
wessen	*Besitzer*
how	manner
wie	*Art und Weise*

Hier ist die übliche Struktur von Fragesätzen:

Fragewort + Verb + Pronomen + Objekt

Die Fragewörter folgen nicht immer dieser Struktur, aber für den Anfang hast du damit eine gute Orientierung.

Bei Fragewörtern verwenden wir neben „do" auch oft das Verb „be". Denke daran, dass sich auch das Verb „be" im Singular ändert. Schau dir Kapitel 3 noch einmal an, um dein Wissen aufzufrischen. Lass uns das Ganze noch ein bisschen kleinteiliger aufschlüsseln.

who

„Who" bezieht sich nur auf Menschen.

Who is your favorite TikTok star?
Wer ist dein Lieblings-TikTok-Star?

what

„What" wird verwendet, um sich auf bestimmte Informationen zu beziehen. Wir benutzen die Frage „what", wenn wir Fragen mit unbegrenzten Auswahlmöglichkeiten stellen.

What is your name?
Wie heißt du?

where

„Where" wird verwendet, wenn man nach einem Ort oder einem Standort fragt.

Where is she from?
Woher kommt sie?

Where is the party?
Wo ist die Party?

ACHTUNG!

Hier kommt ein Sonderfall. Wenn wir nach der Uhrzeit fragen, ändert sich die Satzstruktur:

Fragewort + Subjekt + Verb + Objekt

What time is it?
Wie spät ist es?

when

„When" wird verwendet, um zu fragen, wann etwas passiert ist oder passieren wird. Die Antwort darauf kann sehr genau sein … oder auch nicht.

When is your birthday?
Wann ist dein Geburtstag?

Die Antwort kann lauten: „Am 28.05.2010", aber ebenso gut auch: „Mein Geburtstag ist im Mai."

why

„Why" wird verwendet, um nach einer Begründung oder Ursache zu fragen.

Why are you so excited?
Warum bist du so aufgeregt?

which

„Which" wird bei Fragen verwendet, um der befragten Person eine konkret definierte Auswahl anzubieten. Diese Auswahl ist entweder im Fragesatz vorgegeben oder durch den bisherigen Gesprächsverlauf festgelegt.

„Which"-Fragesätze folgen einer eigenen Struktur:

Fragewort + Subjekt + Verb

Bei der Frage „which" sind die Optionen entweder im Satz vorgegeben oder sie sind bereits impliziert.

Which pizza did you order?
Welche Pizza hast du bestellt?

Which car do you like – the red one or the blue one?
Welches Auto gefällt dir – das rote oder das blaue?

whose

„Whose" wird verwendet, um herauszufinden, zu welcher Person etwas gehört. „Whose" folgt, wie „which", nicht der Fragewortstruktur. Sie lautet auch hier:

Fragewort + Subjekt + Verb + Objekt

Whose jacket is this?
Wem gehört die Jacke?

how

„How" wird verwendet, um die Art und Weise zu erfragen, wie etwas gemacht wird.

„How" impliziert, dass die Antwort auf die Frage offen gestaltet werden kann.

How do you cook pasta?
Wie kochst du Nudeln?

How can I buy a ticket?
Wie kann ich ein Ticket kaufen?

Genau wie das deutsche Fragewort „wie" lässt sich auch „how" in Verbindung mit vielen verschiedenen Adjektiven verwenden. Damit kannst du nach Menge, Entfernung, Beschaffenheit und so weiter fragen.

„How much" bezieht sich auf die Menge dessen, wonach gefragt wird. Wir verwenden es, wenn unsere Frage sich auf *nicht zählbare Nomen* bezieht. Wenn du dich nicht mehr erinnern kannst, schau einfach noch mal in Kapitel 4 rein.

How much water is in the sea?
Wie viel Wasser ist im Meer?

„How many" bezieht sich auf die Menge dessen, wonach gefragt wird. Wir verwenden es, wenn unsere Frage sich auf *zählbare Nomen* bezieht. (Na? Was stand in dem Kapitel?)

Die Struktur für „how many" ist ebenfalls:

Fragewort + Subjekt + Verb

How many carrots do you have?
Wie viele Karotten hast du?

„How often" fragt nach der Frequenz, also danach, wie oft/ regelmäßig etwas geschieht.

How often do you visit your Grandma?
Wie oft besuchst du deine Oma?

„How far" fragt nach der Entfernung.

How far do you live from school?
Wie weit wohnst du von der Schule entfernt?

Aber die Möglichkeiten bei „How"-Fragen sind endlos: „How big is your house?", „How expensive were your shoes?", „How fast can you run?", und so weiter und so fort … „How cool is that?" ☺

Übung ✦ ☆

Aufgabe 1: Lies noch einmal die Geschichte auf S. 142 und kreise alle Fragewörter ein, die du findest.

Aufgabe 2: Bilde eigene Sätze und verwende dabei die Fragewörter: „Can", „Do/Does", „Will", „Who", „What", „Where", „When", „Why", „How", „Whose" und „Which".

1. _____

2. _____

3. _____

4. _____

5. _____

6. _____

7. _____

8. _____

9. _____

10. _____

11. _____

Dies ist eine Freestyle-Übung! Juhu! Lass deine Eltern oder jemanden, der gut Englisch spricht, deine Antworten überprüfen.

11

I'm having a great time in Zadar!

The ocean! I love it whenever the ocean **spontaneously** pops into view. I should have known that it was coming, but sometimes I forget where I'm **traveling** because I've been **on the road** for so long. It's always a nice surprise.

Today a nice time at the beach seems like the perfect idea to me. Maybe I could even go surfing! I haven't done that in so long. The

last time was when I was in Australia, in my hometown of Newcastle. I would just need to find a place where I can **rent** a **surfboard**.

As I drove closer to the beach, a surf shop popped into view. I quickly rented a board and **raced off** into the water. It would be really cool to film a TikTok about how I surfed the waves. Unfortunately my phone is not **waterproof**.

The most important question was, did I even remember how to surf? It's been about six months since I had ridden a wave. The only way to find out if I could still do it was to just get in the water and try.

The water was quite warm on the **surface** but the deeper I got, the colder it became. It wasn't too bad though and my plan was to stay on top of the water. I swam a bit further out and tried to hop on a wave. A really big one was coming.

3 ..., 2 ..., 1 ... PADDLE! PADDLE!! PADDLE!!! If there is one important **fact** that I've learned about surfing, it's that you need to paddle really hard to catch the wave. I caught it! I now needed to do a little hop to stand up on the board, and...success! I did it!

The feeling of standing on top of a wave is like no other. You really feel like you've achieved something every time you **manage** to ride one to **shore**.

Ich habe eine großartige Zeit in Zadar!

Das Meer! Ich liebe es, wenn das Meer **plötzlich** ins Blickfeld gerät. Ich hätte wissen müssen, dass es näher kommt, aber manchmal vergesse ich, wohin ich **reise**, weil ich schon so lange **unterwegs** bin. Es ist immer eine schöne Überraschung.

Heute scheint mir eine schöne Zeit am Strand die perfekte Idee zu sein. Vielleicht könnte ich sogar surfen gehen! Das habe ich schon so lange nicht mehr gemacht. Das letzte Mal, als ich in Australien war, in meiner Heimatstadt Newcastle. Ich müsste nur einen Ort finden, an dem ich ein **Surfbrett mieten** kann.

Als ich näher an den Strand heranfuhr, kam ein Surfshop in Sicht. Schnell mietete ich mir ein Brett und **stürzte** mich ins Wasser. Es wäre wirklich cool, ein TikTok darüber zu machen, wie ich auf den Wellen surfe. Leider ist mein Handy nicht **wasserdicht**.

Die wichtigste Frage war, ob ich überhaupt noch wusste, wie man surft. Es war ungefähr sechs Monate her, dass ich eine Welle geritten war. Die einzige Möglichkeit, um herauszufinden, ob ich es noch konnte, war, einfach ins Wasser zu gehen und es zu versuchen.

Das Wasser war an der **Oberfläche** recht warm, aber je weiter ich reinging, desto kälter wurde es. Es war aber nicht allzu schlimm, und mein Plan war, oben auf dem Wasser zu bleiben. Ich schwamm ein

bisschen weiter raus und versuchte auf eine Welle zu springen. Eine wirklich große war im Anmarsch.

3 ..., 2 ..., 1 ... PADDELN! PADDELN!! PADDELN!!! Wenn es eine wichtige **Sache** gibt, die ich über das Surfen gelernt habe, dann ist es, dass man wirklich kräftig paddeln muss, um die Welle zu erwischen. Ich habe sie erwischt! Jetzt musste ich einen kleinen Sprung machen, um auf dem Brett zu stehen, und ... Erfolg! Ich hatte es geschafft!

Das Gefühl, oben auf einer Welle zu stehen, ist wie kein anderes. Man hat wirklich jedes Mal das Gefühl, etwas erreicht zu haben, wenn man es **schafft**, sie bis ans **Ufer** zu reiten.

Vokabeln

Nomen | *nouns*

Englisch	Deutsch
surfboard	Surfbrett
surface	Oberfläche
fact	Sache
shore	Ufer

Verben | *verbs*

Englisch	Deutsch
(to) travel	reisen
(to) rent	mieten
(to) race off	losschießen, stürzen
(to) manage	schaffen

Adjektive | *adjectives*	
Englisch	**Deutsch**
spontaneously	spontan, plötzlich
waterproof	wasserdicht
Redewendungen | *figures of speech*	
Englisch	**Deutsch**
on the road	unterwegs

* ☆ Hilfsverben | *primary helping verbs*

Du hast in diesem Buch bisher eine Menge über englische Grammatik gelernt. Logisch, es ist ja schließlich ein Grammatik-Lehrbuch. Ich habe es schon ein paarmal gesagt und sage es noch mal: Lernen ist ein Prozess. Eine Sprache braucht Zeit, um einen festen Platz in deinem Kopf zu bekommen. Und wenn sie es sich dort erst mal gemütlich gemacht hat, dann wird sie auch ein Leben lang in deinem Köpfchen bleiben. Ich hoffe, das Buch hat dir bisher Spaß gemacht und du bist inspiriert, weiter zu lernen und zu üben.

In diesem Kapitel dreht sich alles um Hilfsverben. *No big deal*, wie man im Englischen sagt. Keine große Sache. Hilfsverben sind dir schließlich in den vorherigen Kapiteln schon ein paarmal begegnet. Lass uns trotzdem wieder alles in kleine und einfache Schritte aufteilen, damit du verstehst, worum es geht.

Hilfsverben

Hilfsverben sind also Verben, die wir in Verbindung mit anderen (Haupt-)Verben benutzen. Das Hilfsverb heißt natürlich Hilfsverb, weil die ganze Arbeit an ihm hängen bleibt. Verben werden beim Sprechen und Schreiben „gebeugt", das heißt, dass sie eine andere Erscheinungsform annehmen, je nach Kasus, Numerus und Genus sowie je nach Zeitform. Wenn einem Hauptverb ein Hilfsverb zur Seite gestellt wird, dann muss das Hilfsverb sich krumm machen; das Hauptverb wird nicht gebeugt. Man unterscheidet zwischen den primären Hilfsverben und den modalen Hilfsverben. Wir konzentrieren uns erst mal auf die primären Hilfsverben. Davon gibt es drei Stück in der englischen Sprache, nämlich:

- (to) be
- (to) do
- (to) have

Und um die Sache noch einfacher zu machen, biete ich an: Wir konzentrieren uns erst mal nur auf die ersten beiden, also auf **„(to) be"** und **„(to) do"**.

ACHTUNG!

Diese beiden Hilfsverben können auch als Hauptverb in einem Satz verwendet werden. Sie können sogar in ein und demselben Satz Hilfsverb *und* Hauptverb sein. Jetzt aber erst mal: Eins nach dem anderen, so wie der Bauer die Klöße isst.

Das Hilfsverb *(to) be*

Lass uns mit dem Hilfsverb „(to) be" beginnen. Ein wichtiges Hilfsverb, weil es uns Informationen darüber geben kann, was *gegenwärtig* gerade passiert.

In diesem Kapitel werden wir das Hilfsverb „(to) be" nur im Präsens verwenden. Später wirst du lernen, dieses Verb auch in Vergangenheits- und Zukunftsformen zu verwenden. Allerdings nicht in diesem Buch, weil das noch ein bisschen zu schwierig wäre. Aber vielleicht schreibe ich ja eine Fortsetzung. ☺

Für das Präsens gilt: Wenn „(to) be" als Hilfsverb neben einem anderen Verb in Erscheinung tritt, ändert sich die Zeitform des Satzes von *present simple* zu *present continuous*. Wir verwenden das *present continuous*, wenn wir über eine Handlung sprechen wollen, die in diesem Moment stattfindet.

ACHTUNG!

Der Unterschied ist ganz einfach: Das *present continuous* bezieht sich auf eine Handlung, die gerade im Moment stattfindet, während das *simple present* einen Vorgang beschreibt, der regelmäßig stattfindet:

Ich esse (gerade jetzt) → present continuous: I am eating.

Ich esse (täglich) → simple present: I eat.

Während sich das Hilfsverb „(to) be" je nach Kasus, Numerus und Genus beugt, bleibt das Hauptverb immer gleich: Es steht in der *Grundform, Präsens*. Diese setzt sich zusammen aus dem Verbstamm und der Endung *-ing*.

Das Prinzip ist easy:

Verb	Verb-stamm	Endung bei Anwendung mit Hilfsverb „(to) be"	Grundform, Präsens
(to) eat	eat	+ *ing*	eating
(to) dream	dream	+ *ing*	dreaming
(to) bake	bak(e)	+ *ing*	baking
(to) laugh	laugh	+ *ing*	laughing
(to) love	lov(e)	+ *ing*	loving

Wenn wir das Prinzip Hilfsverb + Hauptverb dann in einem Satz verwenden, sieht es wie folgt aus:

Positive Sätze mit dem Hilfsverb *(to) be*
Satzstruktur: Subjekt + Hilfsverb + Hauptverb + Objekt

	Singular			
	Subjekt	Hilfsverb	Hauptverb	Objekt
1. Person	I *Ich*	**am**	**eating** *esse (gerade)*	pizza. *Pizza.*
2. Person	You *Du*	**are**	**eating** *isst (gerade)*	pizza. *Pizza.*
3. Person	He/She/It *Er/Sie/Es*	**is**	**eating** *isst (gerade)*	pizza. *Pizza.*

Plural

	Subjekt	Hilfsverb	Hauptverb	Objekt
1. Person	**We** *Wir*	**are**	**eating** *essen (gerade)*	pizza. *Pizza.*
2. Person	**You** *Ihr*	**are**	**eating** *esst (gerade)*	pizza. *Pizza.*
3. Person	**They** *Sie*	**are**	**eating** *essen (gerade)*	pizza. *Pizza.*

Wie im letzten Kapitel bereits gesagt, verwendet ihr diese grammatikalische Form im Deutschen nicht. Du musst sie also einfach lernen und dich daran gewöhnen, auch wenn es dir anfangs vielleicht seltsam vorkommt.

Fragestellung mit dem Hilfsverb *(to) be*

Satzstruktur: Hilfsverb + Subjekt + Hauptverb + Objekt

Singular

	Hilfsverb	Subjekt	Hauptverb	Objekt
1. Person	**Am**	I *(Gehe) ich*	**going**	(to) school? *(zur) Schule?*
2. Person	**Are**	you *(Gehst) du*	**going**	(to) school? *(zur) Schule?*
3. Person	**Is**	he/she/it *(Geht) er/ sie/es*	**going**	(to) school? *(zur) Schule?*

Plural			
Hilfsverb	Subjekt	Hauptverb	Objekt
1. Person Are	we *(Gehen) wir*	**going**	(to) school? *(zur) Schule?*
2. Person Are	you *(Geht) ihr*	**going**	(to) school? *(zur) Schule?*
3. Person Are	they *(Gehen) sie*	**going**	(to) school? *(zur) Schule?*

Wir können das Hilfsverb „(to) be" auch in seiner negativen – also verneinenden – Form verwenden. Die Zeitform des Satzes wechselt ebenfalls von *present simple* zu *present continuous*. Wir sprechen dann über etwas, das in diesem Moment oder in der Zukunft **nicht** passiert:

I am (I'm) not eating pizza.
Ich esse keine Pizza.

He is not (isn't) eating pizza.
Er isst keine Pizza.

Das Hilfsverb *(to) do*

Wir verwenden das Hilfsverb „(to) do" in positiven Sätzen eher selten. Wir verwenden es jedoch sehr häufig bei Fragen und bei negativen Aussagen (Verneinungen).

Während sich das Hilfsverb „(to) do" je nach Kasus, Numerus und Genus beugt, bleibt das Hauptverb immer gleich:

Es steht in der *Stammform*. Hier gibt es also einen Unterschied zum Hilfsverb „(to) be", bei dem das Hauptverb immer in der Grundform, Präsens, steht. Schau noch mal oben in die Tabelle, dort findest du beide Formen.

Verneinung mit dem Hilfsverb *(to) do*

Satzstruktur: Subjekt + negiertes Hilfsverb + Hauptverb + Objekt

Singular

	Subjekt	Hilfsverb	Hauptverb	Objekt
1. Person	I *Ich*	**don't (do not)**	**eat** *(esse kein)*	meat. *Fleisch.*
2. Person	You *Du*	**don't (do not)**	**eat** *(isst kein)*	meat. *Fleisch.*
3. Person	He/She/It *Er/Sie/Es*	**doesn't (does not)**	**eat** *(isst kein)*	meat. *Fleisch.*

Plural

	Subjekt	Hilfsverb	Hauptverb	Objekt
1. Person	We *Wir*	**don't (do not)** *(essen kein)*	**eat**	meat. *Fleisch.*
2. Person	You *Ihr*	**don't (do not)** *(esst kein)*	**eat**	meat. *Fleisch.*
3. Person	They *Sie*	**don't (do not)** *(essen kein)*	**eat**	meat. *Fleisch.*

Besondere Betonung mit dem Hilfsverb (to) do

In positiven Sätzen kann das Hilfsverb „to (do)" genutzt werden, um eine Aussage besonders hervorzuheben.

Wenn ich dich frage: „Do you like pizza?", dann kannst du einfach antworten: „Yes, I like pizza." Wenn du aber betonen willst, dass du Pizza wirklich gerne magst, dann kannst du das tun, indem du sagst: „Yes, I **do like** Pizza."

He **does believe** in Santa Claus.
Er glaubt (durchaus) an den Weihnachtsmann.

Besonders gut kannst du „to (do)" als Hilfsverb gebrauchen, wenn du zwei Aussagen machst, von der du eine betonen möchtest.

The band has a boring singer, but they **do have** a fantastic guitarist.
Die Band hat einen langweiligen Sänger, aber sie haben (echt) eine fantastische Gitarristin.

In der ersten Satzhälfte hast du das Verb „have" ohne Hilfsverb und darum in der gebeugten Form (hier: 3. Person Singular). In der zweiten Satzhälfte hast du das Hauptverb „have" in Verbindung mit dem Hilfsverb „(to) do"; das Hilfsverb wird gebeugt (hier: 3. Person Plural), das Hauptverb nicht.

Das Hilfsverb *(to) have*

„Have" ist ebenfalls ein wichtiges Verb. Es wird benutzt, um Sätze in einer Vergangenheitsform zu formulieren. „Have" ändert die Zeitform des Hauptverbs von der Vergangenheit, Gegenwart und Zukunft in die Perfektform. Es gibt fünf Perfektformen.

Das ist aber jetzt noch nicht wichtig. Es ist eine ziemlich komplizierte Grammatik. Das wirst du später kennenlernen, wenn du über dieses Buch hinaus weiter Englisch lernst. Im Moment musst du nur wissen, dass „have" ein Hilfsverb *und* ein Hauptverb in Sätzen sein kann.

So, nun zück den Stift und leg mit dem Übungsteil los.

Übung ✳ ☆

Aufgabe 1: Lies noch einmal die Geschichte auf S. 158 und kreise alle Hilfsverben ein, die du findest.

Aufgabe 2: Verwende in den folgenden Sätzen das richtige Hilfsverb. Wähle zwischen „(to) be" und "„(to) do".

1. He _____ meeting his friend at the cinema.

2. She _____ not like his dog.

3. They _____ counting their money.

4. I _____ like my teacher!

5. You _____ having vegetables for dinner.

6. We _____ not want to get up early everyday.

7. _____ he have a jacket?

8. _____ you like football?

9. I _____ waiting for my friend.

10. It _____ getting late and I am tired.

12

Why you must eat a "zapiekanka" in Kraków

"Maaaaaaate!" The Australian in me is screaming from the inside! It's so cold here! I'm used to a little cold, but this is "absolutely **horrendous**" as my mother would say.

Today my main goal was to get something tasty to eat. My mission was to find the **delicious** "zapiekanka". A "zapiekanka" is basically like a pizza, but it isn't a pizza at all. Instead, it's a **baguette-styled** pizza that is topped with tomato sauce, cheese and a meat of your choice. It is then quickly grilled and voila - it's done. The only way I had heard of this was thanks to TikTok. When I saw it, my mouth just dropped!

The question now was, where would I find this "zapiekanka"? I should just look this up on my phone. There was one snack bar selling them, not so far away, just in the centre of Kraków! I was **starving** because I hadn't had breakfast in the morning, so I wanted to get there as quickly as possible.

Oh no! There was a massive line! It didn't matter too much, though. I could definitely wait around for half an hour. In the meantime I could check out some TikTok videos. It was **freezing**! This would pass the time and **take my mind off** of the cold.

I usually see the same people on my "For You" page, like @Herr-Grimm, @youneszarou and @herranwalt. These guys are awesome.

Time had flown by and I was already at the front of the line. I ordered a "zapiekanka" with tomato sauce, ham and some mozzarella cheese. **In a matter of seconds**, it was all **whipped** together and placed in my hands. The best part about it is that it only cost 2 euros!

It was absolutely amazing! I'm definitely coming back for seconds.

Warum man in Krakau eine „Zapiekanka" essen muss

„Kuuuuuuumpel!" Der Australier in mir schreit! Es ist so kalt hier! Ich bin ja ein bisschen Kälte gewohnt, aber das hier ist „absolut **grauenhaft**", wie meine Mutter sagen würde.

Heute war mein Hauptziel, etwas Leckeres zu essen zu bekommen. Meine Mission war es, die **köstlichen** „Zapiekanka" zu finden. Eine „Zapiekanka" ist im Grunde wie eine Pizza, aber es ist gar keine Pizza. Stattdessen handelt es sich um eine Pizza **im Baguette-Stil**, die mit Tomatensoße, Käse und Fleisch deiner Wahl belegt wird. Dann wird sie schnell gegrillt und voilà - sie ist fertig. Ich hatte nur dank TikTok davon gehört. Als ich es sah, fiel mir die Kinnlade runter!

Die Frage war nun, wo würde ich so eine „Zapiekanka" finden? Ich sollte einfach mit meinem Handy nachschauen. Es gab einen Imbiss, der sie verkaufte, nicht so weit entfernt, genau im Zentrum von Krakau! Ich **war am Verhungern**, weil ich am Morgen nicht gefrühstückt hatte, also wollte ich so schnell wie möglich dorthin.

Oh nein! Da war eine ewig lange Schlange! Das war aber nicht weiter schlimm. Ich könnte definitiv eine halbe Stunde warten. In der Zwischenzeit konnte ich ein paar TikTok-Videos checken. Es war **eiskalt**! Das würde mir die Zeit vertreiben und mich von der Kälte **ablenken**.

Normalerweise sehe ich immer die gleichen Leute auf meiner „For You"-Seite, wie @HerrGrimm, @youneszarou und @herranwalt. Diese Jungs sind großartig.

Die Zeit war wie im Flug vergangen, und ich stand schon ganz vorne in der Schlange. Ich bestellte eine „Zapiekanka" mit Tomatensoße, Schinken und etwas Mozzarella-Käse. **In Sekundenschnelle** war alles **zusammengezaubert** und lag in meiner Hand. Das Beste daran ist, dass es nur 2 Euro gekostet hat!

Es war absolut fantastisch! Ich komme auf jeden Fall für einen Nachschlag zurück.

Vokabeln

Verben | *verbs*

Englisch	Deutsch
(to) starve	hungern
(to) whip	zaubern

Adjektive | *adjectives*

Englisch	Deutsch
horrendous	grauenhaft
delicious	köstlich
baguette-styled	im Baguette-Stil
freezing	eiskalt

Redewendungen | *figures of speech*

Englisch	Deutsch
(to) take (one's) mind off	sich ablenken
time flies by	die Zeit vergeht wie im Flug
in a matter of seconds	in Sekundenschnelle

Modalverben | *modal verbs*

In diesem Kapitel dreht sich alles um Modalverben. Noch mehr Verbformen! Juhu! Was sind denn nun aber schon wieder Modalverben, fragst du? Modalverben sind auch eine Art von Hilfsverben, wie wir sie im letzten Kapitel besprochen haben. Allerdings haben sie andere Funktionen und verdienen deshalb ihr eigenes Rampenlicht.

Modalverben sind Hilfsverben, mit denen vier Dinge ausgedrückt oder auch erfragt werden können:

- Fähigkeit
- Möglichkeit
- Erlaubnis
- Verpflichtung und Ratschlag

Na gut, erwischt! Das waren in Wirklichkeit fünf; aber Verpflichtung und Ratschlag fassen wir zu einem „Ding" zusammen.

Wie die Hilfsverben aus Kapitel 11 werden die Modalverben mit einem anderen Hauptverb gekoppelt, um einen vollständigen Satz zu bilden.

Die Modalverben im Englischen sind:

- can
- could
- would
- should
- will
- may
- must

Vielleicht kommt dir diese Liste bekannt vor. Einige Verben davon haben wir in Kapitel 10 bei der Bildung von Fragen kennengelernt. Eigentlich hast du also schon eine ganze Menge über Modalverben gelernt.

Aber sie funktionieren doch ein bisschen anders als „normale" Verben, darum gibt es ein paar Sachen, die du dir merken solltest.

Hier sind die Regeln, denen Modalverben folgen:

1. Sie verwenden kein „s" in der 3. Person Singular.

2. Sie bilden Fragen, indem Subjekt und Modalverb den Platz tauschen. Das Hauptverb bleibt, wo es ist. („She can wait" wird zum Beispiel zu „Can she wait?).

3. Zu einem *Modalverb* gehört immer ein **Verb** in der Stammform (z. B. *will* **go**, *can* **run**, *would* **excuse**, *must* **leave**, etc.).

ACHTUNG!

Bei Modalverben verwenden wir die Stammform der Verben, nicht die Grundform, Präsens.

You can run really fast. → ☺

You can running really fast. → ☹

Schauen wir uns jetzt an, wie, wann und warum Modalverben verwendet werden.

Fähigkeit

Wenn wir eine Fähigkeit *(ability)* ausdrücken oder erfragen wollen, verwenden wir immer die folgenden Modalverben:

- can/can not (cannot, can't)
- could/could not (couldn't)

Mit einer Fähigkeit können zwei Dinge gemeint sein:

- Es gibt zum einen **allgemeine Fähigkeiten**. Das sind solche, die man, wenn man sie einmal gelernt hat, jederzeit einsetzen kann, wie z. B. lesen, schwimmen oder eine Sprache sprechen.
- Außerdem gibt es **spezifische Fähigkeiten**. Das sind jene, die man in einer bestimmten Situation einsetzen oder aber nicht einsetzen kann. Zum Beispiel, etwas Schweres heben oder einen Ort finden, den man sucht.

Beispiele:

She can speak two languages.
Sie kann zwei Sprachen sprechen.

I couldn't finish all of my dinner.
Ich konnte mein Abendessen nicht ganz aufessen.

Möglichkeit

Wenn wir eine Möglichkeit *(possibility)* ausdrücken oder erfragen wollen, verwenden wir immer die folgenden Modalverben:

- could/could not (couldn't)
- might/might not
- may/may not
- must/can not (cannot, can't)
- will/will not (won't)
- should/should not (shouldn't)
- can

Wir verwenden diese Modalverben, wenn wir vermuten, dass etwas möglicherweise passiert oder zutreffend ist.

Beispiel:

My friend David and I are waiting for Sarah.
I ask David, "Where is Sarah"?

David answers:

She could be lost. (maybe)
Sie könnte sich verlaufen haben. (vielleicht)

She might come soon. (maybe)
Sie könnte bald kommen. (vielleicht)

She may be on the wrong bus. (maybe)
Möglicherweise sitzt sie im falschen Bus. (vielleicht)

ACHTUNG!

Es gibt keine Kurzform für „might not" und „may not".

She must be on the train. (quite sure)
Sie muss im Zug sein. (ziemlich sicher)

She can't be at school. (quite sure).
Sie kann nicht in der Schule sein. (ziemlich sicher)

ACHTUNG!

Das Modalverb **„must"** wird *nicht* mit „mustn't", sondern mit **„can't"** verneint.

She won't come. She will be home by now. (very sure)
Sie wird nicht kommen. Sie wird jetzt schon zu Hause sein. (sehr sicher)

She should arrive soon. It shouldn't take long. (according to plan)
Sie sollte bald ankommen. Es sollte nicht mehr lange dauern. (planmäßig)

She can be quite late. She's like that. (from experience)
Sie kann ziemlich unpünktlich sein. So ist sie eben. (aus Erfahrung)

ACHTUNG!

„Can" wird nicht für konkrete Vermutungen verwendet, sondern nur für allgemeingültige. Deshalb:

She could be on this bus.
Sie könnte in diesem Bus sein.

NICHT: She can be on this bus.

Erlaubnis

Wir können um Erlaubnis *(permission)* bitten, wir können Erlaubnis erteilen, und wir können Erlaubnis verweigern. Für alle drei Fälle verwenden wir die folgenden Modalverben:

- can/can not (cannot, can't)
- could/could not (couldn't)
- may/may not

Could I have a piece of cake, please?
Könnte ich bitte ein Stück Kuchen haben?

You may not watch TikTok videos tonight.
Du darfst heute Abend keine TikTok-Videos anschauen.

We can swim in the lake! (It is allowed.)
Wir können im See schwimmen! (Es ist erlaubt.)

ACHTUNG!

„Can/Could/May ... I have a piece of cake, please?" – Alle drei Modalverben sind korrekt, wenn du sie in einer Bitte verwendest. „Could" und „may" sind Höflichkeitsformen, mit denen du zeigst, dass du richtig gute Manieren hast.

Verpflichtung und Ratschlag

Auch Notwendigkeiten, Verpflichtungen und Ratschläge *(commitment and advice)* können wir als positive Aussage, negative Aussage (Verneinung) oder Frage kommunizieren. Dazu verwenden wir die folgenden Modalverben:

- must/must not (mustn't)
- should/should not (shouldn't)
- have to/do not have to (don't have to)

have to/don't have to

Subjekt + have to/don't have to + Verb im *present tense* + Objekt

The children have to go home.
Die Kinder müssen nach Hause gehen.

I don't have to clean my room today.
Ich muss mein Zimmer heute nicht aufräumen.

Wenn wir das Modalverb „have to/don't have to" in Form einer Frage verwenden, brauchen wir dazu **ein weiteres Hilfsverb.** Diese Fragen beginnen mit „do/don't" bzw. „does/doesn't".

Do/Does + Subjekt + have to + Verb im *present tense* + Objekt

Does she have to go to the store now?
Muss sie jetzt in den Laden gehen?

Do I have to brush my teeth every night?
Muss ich meine Zähne jeden Abend putzen?

Don't we have to be at home by 8 pm?
Müssen wir nicht bis acht Uhr (abends) zu Hause sein?

must/must not

Subjekt + must/must not + Verb im *present tense* + Objekt

He must study today.
Er muss heute lernen.

You mustn't get there too early.
Du darfst nicht zu früh dort sein.

183

ACHTUNG!

Es gibt einen Unterschied zwischen „must not (mustn't)" und „do not have to (don't have to)".

„Mustn't" bedeutet, dass etwas nicht erlaubt oder eine schlechte Idee ist:

You mustn't eat apples before bedtime, they're bad for your teeth.
Du darfst/solltest keine Äpfel vor dem Schlafengehen essen, sie sind schlecht für deine Zähne.

„Don't have to" bedeutet, dass du etwas nicht tun musst.

I don't have to work on Sundays.
Ich muss sonntags nicht arbeiten.

ACHTUNG!

„Must" und „mustn't" werden in der Regel *nicht* verwendet, um eine Frage zu beginnen.

should/shouldn't

Subjekt + should/shouldn't + Verb im *present tense* + Objekt

They should get something to eat.
Sie sollten etwas zu essen bekommen.

We shouldn't be late to the show.
Wir sollten nicht zu spät zur Show kommen.

„Should" und „shouldn't" können auch verwendet werden, um Fragen zu stellen.

Should/Shouldn't + Pronomen + Verb im *present tense* + Objekt

Should we buy the bed?
Sollen wir das Bett kaufen?

Shouldn't we hurry up? We're going to be late.
Sollten wir uns nicht beeilen? Wir kommen noch zu spät.

Modalverben sind echt spannend, weil wir sie oft benutzen, um über Dinge zu sprechen, von denen wir nicht sicher wissen, ob sie passiert sind oder nicht. Wir wissen nicht, ob sie gerade jetzt passieren oder nicht.

Wir wissen vielleicht auch nicht, ob sie je passieren werden oder nicht. Es ist also so, als würde man in der Fantasie sprechen. Modalverben können dir eine neue Welt der Sprache eröffnen.

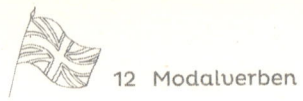

Das ist definitiv Englisch für Könner, und es wird etwas Zeit brauchen, bis du das alles sicher draufhast. Aber du weißt ja: Übung macht den Meister.

Und wie immer – ich glaube an dich!

Übung

Aufgabe 1: Lies noch einmal die Geschichte auf S. 172 und kreise alle Modalverben, sowohl die positiven als auch die negativen, ein, die du findest.

Aufgabe 2: Setze in die unten stehenden Lücken das jeweils korrekte Modalverb.

Fähigkeit: Verwende „can", „can't", „could" oder „couldn't".

1. _____ you swim when you were six?

2. We _____ get to school on time yesterday.

3. I _____ hold my breath for too long.

4. He _____ sing really well!

Möglichkeit: Verwende „must", „may", „can't" oder „could".

5. She _____ be our teacher. She is too young!

6. They all look really happy. They _____ have a nice teacher.

7. I _____ be home around 7 this evening.

8. _____ you really come over? That would be so nice!

Erlaubnis: Verwende „can", „could" oder „may".

9. _____ someone help me, please?

10. You _____ have a soda.

11. _____ we eat outside?

Verpflichtung und Ratschlag: Verwende „have" oder „should".

12. I _____ to be home by dark.

13. She _____ eat her vegetables.

Check out the
video here:

https://www.m-vg.de/link/bartmann1/

13

I'll tell you something
about Budapest

Everytime I hear the name Budapest, I always think of the Buddha.
Something about Budapest reminds me of peace and **tranquility**.

My main goal here was to visit the "Shoes on the Danube Bank" **memorial** which was **created** by film maker Can Togay and **sculpted** by Gyula Pauer. It is made of 100 pairs of **metal shoes placed** on the **edge** of the Danube River. It **honors** the Jewish people who were shot and killed there. Before they were killed, they were **told** to take off their shoes. The people were then **thrown** in the river, leaving their shoes behind.

As awful as this sounds, it is important to **retell** stories like this from the past again and again. It not only helps us remember the **cruelties** that happened in the past, but it also is a warning to **remind** us that they must never be **repeated**.

This would be a great idea for a TikTok! I could tell this **tragic** story and explain why the memorial had been **constructed**. I'd never done something like this on TikTok before. I was sure the TikTok community would be very interested in this.

This video was one of my hardest to **produce**. After about 25 takes, I had my first sentence **complete**! After putting a few touches here and there and adding some music, I was ready to upload the video.

People loved how I retold the story. Many commented that they had never known why the shoes were there. They also thanked me for **educating** them on the **topic**. I'm so happy that I was able to help people learn more about this important **subject**.

Ich erzähle dir etwas über Budapest

Jedes Mal wenn ich den Namen Budapest höre, muss ich an Buddha denken. Irgendetwas an Budapest erinnert mich an Frieden und **Gelassenheit**.

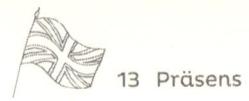

Mein Hauptziel hier war es, das **Mahnmal** „Schuhe am Donauufer" zu besuchen, das vom Filmemacher Can Togay **geschaffen** und von Gyula Pauer **gestaltet** wurde. Es besteht aus 100 Paar **Metallschuhen**, die am **Rande** der Donau **platziert** wurden. Es **ehrt** die jüdischen Menschen, die dort erschossen wurden. Bevor sie ermordet wurden, wurden sie **aufgefordert**, ihre Schuhe auszuziehen. Die Menschen wurden dann in den Fluss **geworfen**, ihre Schuhe ließen sie zurück.

So schrecklich das auch klingt, es ist wichtig, Geschichten wie diese aus der Vergangenheit immer wieder zu **erzählen**. Es hilft uns nicht nur, uns an die **Grausamkeiten** zu erinnern, die in der Vergangenheit passiert sind, sondern ist auch eine Warnung, die uns daran **erinnert**, dass sie sich niemals **wiederholen** dürfen.

Das wäre eine tolle Idee für ein TikTok! Ich könnte diese **tragische** Geschichte erzählen und erklären, warum das Mahnmal **errichtet** wurde. Ich hatte so etwas noch nie auf TikTok gemacht. Ich war mir sicher, dass die TikTok-Community sehr daran interessiert sein würde.

Dieses Video war eines der schwierigsten, die ich je **produziert** habe. Nach etwa 25 Anläufen hatte ich meinen ersten Satz **fertig**! Nachdem ich hier und da noch ein paar Feinheiten hinzugefügt und etwas Musik eingespielt hatte, war ich bereit, das Video hochzuladen.

Den Leuten gefiel es, wie ich die Geschichte nacherzählte. Viele kommentierten, dass sie bis dahin nicht gewusst hatten, warum die Schuhe dort waren. Sie dankten mir auch dafür, dass ich sie über das **Thema aufgeklärt** habe. Ich bin so glücklich, dass ich den Leuten helfen konnte, mehr über dieses wichtige **Thema** zu erfahren.

Vokabeln

Nomen | *nouns*

Englisch	Deutsch
tranquility	Gelassenheit
memorial	Mahnmal
metal shoes	Metallschuhe
edge	Rand
cruelty	Grausamkeit
topic	Thema
subject	Thema

Verben | *verbs*

Englisch	Deutsch
(to) create	schaffen
(to) sculpt	gestalten
(to) place	platzieren
(to) honor	ehren
(to) tell	auffordern
(to) throw	werfen
(to) retell	wieder erzählen
(to) remind	erinnern
(to) repeat	wiederholen
(to) construct	errichten
(to) produce	produzieren
(to) educate	ausbilden, aufklären

Adjektive | *adjectives*

Englisch	Deutsch
tragic	tragisch
complete	fertig

Präsens | *simple present*

Wir haben uns nun die Bausteine der Sprache genauer angesehen und haben gelernt, uns klar und korrekt auszudrücken. Die letzten drei Kapitel dieses Buches möchte ich nutzen, um dir noch mal die wichtigsten Zeitformen beizubringen.

In allen Sprachen müssen wir Vergangenheitsformen, Gegenwartsformen und Zukunftsformen verwenden, um präzise zu kommunizieren. Wenn wir eine neue Sprache lernen, beginnen wir immer mit der einfachen Gegenwart. Wenn du diese erst einmal verstanden hast, fällt es dir leichter, andere Formen zu lernen.

Die einfache Gegenwartsform heißt im Englischen *simple present*. Wir verwenden sie in den folgenden Situationen:

● Wenn etwas **im Allgemeinen oder immer wahr ist**:

The sun rises every morning.
Die Sonne geht jeden Morgen auf.

It is hot in the summer in Australia.
Es ist heiß im Sommer in Australien.

● Wenn wir einen **andauernden Zustand** beschreiben wollen:

I live in Berlin.
Ich lebe in Berlin.

He is a teacher.
Er ist Lehrer.

● Wenn wir **sich wiederholende Handlungen** beschreiben
wollen (also Situationen, die z. B. regelmäßig, häufig, täglich,
selten, nie oder wiederkehrend auftreten):

He plays soccer every Sunday.
Er spielt jeden Sonntag Fußball.

I don't travel often.
Ich reise nicht oft.

● Um **Anweisungen** (Befehle) zu erteilen:

Go and get my coat, please.
Geh und hol meinen Mantel, bitte.

Drop the ball!
Lass den Ball fallen!

● Um **wiederholte Handlungen** zu beschreiben, benutzen wir
oft temporale Adverbien. Zu den temporalen Adverbien zählen z. B. „sometimes", „often", „never", „always" und so weiter.

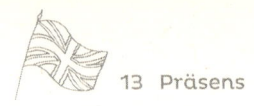
Es gibt auch viele andere temporale Ergänzungen, die wir benutzen, um uns noch genauer auszudrücken, z. B. „every Sunday", „twice a month", „every four years" und so weiter. In der englischen Grammatik gilt für einfache Hauptsätze, dass diese temporalen Ergänzungen ganz am Anfang oder ganz am Ende des Satzes stehen, niemals in der Mitte!

Nachdem wir nun wissen, **wann** wir das *simple present* verwenden, wollen wir uns damit beschäftigen, **wie** wir es bilden. Das ist etwas, was wir im Laufe des Buches schon ziemlich oft gemacht haben, und wie du weißt, spielen Verben dabei die Hauptrolle.

Beginnen wir mit dem wohl meistgenutzten Verb der englischen Sprache, dem Verb „(to) be".

Das Verb (to) be im *simple present*

Wie wir das Verb „(to) be" im Präsens konjugieren, weißt du bereits, aber lass mich dein Gedächtnis auffrischen.

	Singular	Plural
1. Person	I am *Ich bin*	We are *Wir sind*
2. Person	You are *Du bist*	You are *Ihr seid*
3. Person	He/She/It is *Er/Sie/Es ist*	They are *Sie sind*

I am happy.
Ich bin glücklich.

You are tall.
Du bist groß.

She is hungry.
Sie ist hungrig.

They are tired.
Sie sind müde.

In Kapitel 9 haben wir uns die Verneinung mit „(to) be" bereits genauer angesehen. Wir ergänzen das Verb in seiner entsprechenden Form („am/is/are") um das Wörtchen „not":

	Singular	Plural
1. Person	I am not (I'm not) *Ich bin nicht*	We are not (aren't) *Wir sind nicht*
2. Person	You are not (aren't) *Du bist nicht*	You are not (aren't) *Ihr seid nicht*
3. Person	He/She/It is not (isn't) *Er/Sie/Es ist nicht*	They are not (aren't) *Sie sind nicht*

I am not (I'm not) so good at sports.
Ich bin nicht gut im Sport.

You are not (aren't) an adult.
Du bist nicht erwachsen.

It is not (isn't) a frog.
Es ist kein Frosch.

We are not (aren't) in the same class.
Wir sind nicht in derselben Klasse.

ACHTUNG!

Verbform und „not" werden nie getrennt oder umgestellt. „It not is a frog" ist **falsch**. „It is a frog not" ist ebenso **falsch**.

Verben im *simple present*

Je mehr du dich mit der englischen Sprache beschäftigst, desto wichtiger wird die Unterscheidung zwischen regelmäßigen und unregelmäßigen Verben. Ob ein Verb regelmäßig oder unregelmäßig ist, weißt du erst, wenn du seine Vergangenheitsformen kennst. Manchmal kann es ganz schön nerven, sich all die Verben zu merken, die aus der Reihe tanzen.

Glück gehabt, denn jetzt konzentrieren wir uns erst mal nur auf die Verben im Präsens. Hier folgen fast alle Verben derselben Regel. Es gibt zwar wie immer ein paar Ausnahmen, aber die hast du schnell gelernt.

Ein alleinstehendes Hauptverb in einem englischen Satz besteht ganz einfach nur aus dem Verbstamm. Der Verbstamm wird auch *Infinitiv* oder *Grundform* genannt. Zu ihm gehört das kleine Wörtchen „to". Wenn du ein neues Verb lernst, dann lernst du immer zuerst den Verbstamm, darum musst du im *simple present* gar nicht lang überlegen.

Bei dem Verb „(to) sleep" heißt der Verbstamm „sleep".

Bei dem Verb „(to) go" heißt der Verbstamm „go"

Bei dem Verb „(to) participate" heißt der Verbstamm „participate".

Die einzige Ausnahme ist das Verb „(to) be", und das habe ich dir oben schon erklärt. Spielen wir das Ganze mal mit zwei Verben durch, und zwar mit „wait" und „love".

	wait		**love**	
	Singular	Plural	Singular	Plural
1. Person	I wait *Ich warte*	We wait *Wir warten*	I love *Ich liebe*	We love *Wir lieben*
2. Person	You wait *Du wartest*	You wait *Ihr wartet*	You love *Du liebst*	You love *Ihr liebt*
3. Person	He/She/It waits *Er/Sie/Es wartet*	They wait *Sie warten*	He/She/It loves *Er/Sie/Es liebt*	They love *Sie lieben*

Einfacher geht es kaum, oder? Aber werfen wir noch mal einen genauen Blick auf die 3. Person Singular. Da wird nämlich in beiden Fällen ein „s" an das Verb angehängt. Ich weiß, diese Regel kennst du schon, aber noch mal und zum Hinter-die-Ohren-Schreiben:

„He/she/it", das „s" muss mit.

In einfachen, positiven Sätzen sieht das Ganze dann so aus:

- I need a tissue.
- You want a football.
- He **likes** tomatoes.

Bei negativen Sätzen verwenden wir das Hilfsverb **„don't (do not)"** beziehungsweise **„doesn't (does not)"** in der 3. Person Singular. Das bedeutet: Das Hauptverb bleibt immer in seiner Stammform – auch in der 3. Person Singular.

	Singular	Plural
1. Person	I do not (don't) want *Ich will nicht*	We do not (don't) want *Wir wollen nicht*
2. Person	You do not (don't) want *Du willst nicht*	You do not (don't) want *Ihr wollt nicht*
3. Person	He/She/It does not (doesn't) want *Er/Sie/Es will nicht*	They do not (don't) want *Sie wollen nicht*

I **don't need** a tissue.
Ich brauche kein Taschentuch.

You **don't want** a football.
Du willst keinen Fußball.

He **doesn't like** tomatoes.
Er mag keine Tomaten.

„Don't (do not)" und „doesn't (does not)" werden nie getrennt oder umgestellt. „He does like not tomatoes" ist **falsch**. „He not does like tomatoes" ist ebenso **falsch**.

Und welche Verben sind es nun, die im *simple present* in der 3. Person Singular aus der Reihe tanzen? Hier hast du eine Liste aller Ausnahmen, die du am besten einfach auswendig lernst.

- „have" wird zu „(he/she/it) **has**" (und nicht etwa zu „haves").
- Verben, die auf „o" enden, hängen wir statt „s" ein „es" an. Das bedeutet, „go" wird zu „(he/she/it) **goes**" und „do" wird zu „(he/she/it) **does**".
- Auch allen Verben, die auf „x", „ss", „sh" oder „ch" enden, hängen wir statt „s" ein „es" an: Das heißt „fix" wird zu „(he/she/it) **fixes**", „kiss" wird zu „(he/she/it) **kisses**", „wash" wird zu „(he/she/it) **washes**", „watch" wird zu „(he/she/it) **watches**" und so weiter.
- Verben, die auf „y" enden, bekommen eine Spezialbehandlung, aber nur, wenn vor dem „y" ein Konsonant steht. Aus „hurry" wird dann zum Beispiel „(he/she/it) **hurries**", aus „envy" wird „(he/she/it) **envies**". Das „y" wird also durch ein „i" ersetzt, dann hängen wir „es" für das *simple present* an.
- Steht vor dem „y" ein Vokal, bleibt alles beim Alten, und wir hängen ein „s" an. („he/she/it buys").
- In der Verneinung (also in negativen Sätzen) verhalten diese Verben sich aber genau wie alle anderen.

Fragen im *simple present*

Fragen, auf die mit „yes" oder „no" geantwortet werden kann, können im *simple present* mit dem Hilfsverb „(to) do" gebildet werden. Dieses steht dann als Fragewort ganz vorn im Satz:

	Singular	Plural
1. Person	Do I hear …? *Höre ich …?*	Do we hear …? *Hören wir …?*
2. Person	Do you hear …? *Hörst du …?*	Do you hear …? *Hört ihr …?*
3. Person	Does he/she/it hear …? *Hört er/sie/es …?*	Do they hear …? *Hören sie …?*

Achte auch hier auf die 3. Person Singular!

Negative Fragen stellen wir dementsprechend mit „don't" beziehungsweise „doesn't":

	Singular	Plural
1. Person	Don't I see …? *Sehe ich nicht …?*	Don't we see …? *Sehen wir nicht …?*
2. Person	Don't you see …? *Siehst du nicht …?*	Don't you see …? *Seht ihr nicht …?*
3. Person	Doesn't he/she/it see …? *Sieht er/sie/es nicht …?*	Don't they see …? *Sehen sie nicht …?*

Wir können aber auch das Hilfsverb „(to) be" für Fragen verwenden, wenn auf diese mit „yes" oder „no" geantwortet werden kann. Diese Fragen sehen dann zum Beispiel so aus:

	Singular	Plural
1. Person	Am I funny? *Bin ich lustig?*	Are we funny? *Sind wir lustig?*
2. Person	Are you funny? *Bist du lustig?*	Are you funny? *Seid ihr lustig?*
3. Person	Is he/she/it funny? *Ist er/sie/es lustig?*	Are they funny? *Sind sie lustig?*

Die negativen Fragen sehen dann zum Beispiel so aus:

	Singular	Plural
1. Person	Am I not happy? *Bin ich nicht glücklich?*	Are we not happy? *Sind wir nicht glücklich?*
2. Person	Are you not happy? *Bist du nicht glücklich?*	Are you not happy? *Seid ihr nicht glücklich?*
3. Person	Is he/she/it not happy? *Ist er/sie/es nicht glücklich?*	Are they not happy? *Sind sie nicht glücklich?*

Die negative Frageform wird in beiden Fällen gern verwendet, wenn der Fragesteller sich einer Sache nur vergewissern will oder ein „Nein" als Antwort erwartet.

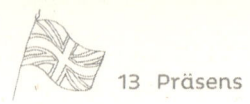

Wir können die Hilfsverben „(to) do" und „(to) be" in Frage-stellungen aber auch mit den Fragewörtern verbinden, die wir in Kapitel 10 gelernt haben. Dann sind es offene Fragen. Das Fragewort steht dann immer an erster Stelle:

How much pocket money do you get?
Wie viel Taschengeld kriegst du?

When does she get up in the morning?
Wann steht sie morgens auf?

Why do we have to learn this?
Warum müssen wir das lernen?

Whose bag is this?
Wessen Tasche ist das?

Where does he park the car?
Wo parkt er das Auto?

Which room are we in today?
In welchem Raum sind wir heute?

So, das war es erst mal mit dem *simple present*. Ich hoffe, du fan-dest es wirklich einigermaßen einfach.

Übung

Aufgabe 1: Lies noch einmal die Geschichte auf S. 188 und kreise alle Verben im *simple present* ein, die du findest.

Aufgabe 2: Setze in die unten stehenden Lücken das in Klammern angegebene Verb in seiner korrekten Form ein.

1. I _____ (be) at school right now.
2. He _____ (play) tennis every Friday.
3. They _____ (go) to the movies on Wednesday.
4. _____ (she/be) a dancer?
5. We _____ (like) the weather here.
6. _____ (they/be) on the bus?
7. Sarah _____ (ride) her bicycle to school.
8. Why _____ (he/be) in England?
9. I _____ (not/play) the guitar.
10. It _____ (not/be) cold today.
11. We _____ (be) from Australia.
12. _____ (we/make) too much noise in the morning?
13. He _____ (be) my brother.
14. _____ (cat/eat) fish?
15. I _____ (not/be) a teacher.

14 ✩ ✶

How I climbed a mountain in Edinburgh

I've always loved the Scottish **accent**, even though I find it extremely hard to understand. Scotland is where Nessie the Loch Ness monster lives. Many scenes of Harry Potter were filmed in Scotland, and of course, the country is home to the **bagpipes**.

What should I do here? I can visit the Edinburgh Castle as well as many shops and pubs. Actually, I really like the sight of the mountain that **overlooks** the city. That would be really cool to check out. Maybe I could even vlog my entire journey up to the top and upload it to TikTok. Yeah, I'll do that!

I drove my way over to the **base** of the mountain, found a parking spot, grabbed my backpack, **chucked** some tucker (Australian for "food") inside and started my journey up to the top.

I was filming from the beginning and tried to capture everything I could. It's really important to capture every moment and try different angles and techniques. In the end, it's always better to have too much **footage** than too little.

As I was walking up to the top, I noticed a lot of **ruins** from buildings of long ago. I wondered what they were. A castle? A church? Who knows. I tried to get a good look at everything I could, because maybe I would never come to this place again.

I had been walking up for about an hour and a half. I was starting to get tired and very hungry. I had to give myself a good pep talk to make it up the mountain. I said to myself, "I am doing a great job. I am getting hungry, but soon I'll have lunch. I'm going to reach the peak very soon."

I finally made it! What a view! I could already see from here the many things worth visiting during the rest of my stay in Edinburgh. I had hours of footage including a fantastic finale for my TikTok video. I thought to myself, "I am a great mountain climber!" It was a wonderful day, and it is going to be a wonderful TikTok, too.

Wie ich einen Berg in Edinburgh erklomm

Ich habe den schottischen **Akzent** schon immer geliebt, auch wenn ich ihn extrem schwer zu verstehen finde. Schottland ist der Ort, an dem Nessie, das Monster von Loch Ness, lebt. Viele Szenen aus Harry Potter wurden in Schottland gedreht, und natürlich ist das Land die Heimat des **Dudelsacks**.

Was sollte ich hier tun? Ich kann das Edinburgh Castle sowie viele Geschäfte und Pubs besuchen. Aber ich mag auch den Anblick des Berges sehr, der die Stadt **überragt**. Das wäre wirklich cool, sich das anzusehen. Vielleicht könnte ich sogar meine gesamte Reise bis zum Gipfel vloggen und auf TikTok hochladen. Ja, das werde ich tun!

Ich fuhr zum **Fuß** des Berges, fand einen Parkplatz, schnappte mir meinen Rucksack, **warf** etwas „Tucker" (australisch für „Essen") hinein und machte mich auf den Weg hinauf zum Gipfel.

Ich filmte von Anfang an und versuchte alles einzufangen, was ich konnte. Es ist wirklich wichtig, jeden Moment einzufangen und verschiedene Blickwinkel und Techniken auszuprobieren. Am Ende ist es immer besser, man hat zu viel **Filmmaterial** als zu wenig.

Als ich zum Gipfel hinaufstieg, bemerkte ich viele **Ruinen** von Gebäuden aus längst vergangenen Zeiten. Ich fragte mich, was sie wohl waren. Eine Burg? Eine Kirche? Wer weiß das schon. Ich versuchte mir alles genau anzusehen, denn vielleicht würde ich nie wieder an diesen Ort kommen.

Ich war etwa eineinhalb Stunden aufwärtsgegangen Ich wurde langsam müde und sehr hungrig. Ich musste mir selbst Mut zusprechen, um es auf den Berg zu schaffen. Ich sagte mir: „Ich mache einen tollen Job. Ich werde hungrig, aber bald werde ich zu Mittag essen. Ich werde den Gipfel sehr bald erreichen."

Endlich hatte ich es geschafft! Was für eine Aussicht! Ich konnte von hier aus bereits die vielen Dinge sehen, die ich während meines restlichen Aufenthalts in Edinburgh besichtigen wollte. Ich hatte stundenlanges Filmmaterial, darunter auch ein fantastisches Finale für mein TikTok-Video. Ich dachte mir: „Ich bin ein großartiger Bergsteiger!" Es war ein wunderbarer Tag, und es wird auch ein wunderbares TikTok sein.

Vokabeln

Nomen | *nouns*

Englisch	Deutsch
accent	Akzent
bagpipe	Dudelsack
base	Fuß
footage	Filmmaterial
ruins	Ruinen

Verben | *verbs*

Englisch	Deutsch
(to) overlook	überschauen, überragen
(to) chuck	werfen

Verlaufsform der einfachen Gegenwart | present continuous

Im letzten Kapitel haben wir gelernt, wann und wie man das *simple present* verwendet. Jetzt werden wir uns mit einer anderen Gegenwartsform beschäftigen, die *present continuous* genannt wird. So wie das *simple present* hat auch das *present continuous* verschiedene Funktionen:

- Es stellt dar, was jetzt gerade ausgeführt wird:

  I am studying for a test.
  Ich lerne für einen Test.

- Es stellt dar, was wir gegenwärtig für zutreffend (oder nicht zutreffend) halten:

  Is your sister still planning to go to Australia?
  Plant deine Schwester noch, nach Australien zu gehen?

- Es stellt stellt zukünftige Ereignisse dar, die bereits feststehen:

  They are coming home tomorrow night.
  Sie kommen morgen Abend nach Hause.

Verbbildung im *present continuous*

In positiven Sätzen wird das Hauptverb um das Hilfsverb „(to) be" ergänzt. Schlaue Menschen dürfen sich selbst zitieren, darum wiederhole ich, was ich in Kapitel 11 bereits erklärt habe: **Während sich das Hilfsverb „(to) be" beugt, bleibt das Hauptverb immer gleich: Es steht in der Grundform. Diese setzt sich zusammen aus dem Verbstamm im Präsens und der Endung *-ing*.**

Subjekt + Hilfsverb „(to) be" + Verb im *present tense* mit Endung *-ing* + Objekt (aber nicht immer)

- I **am walking**.
- You **are eating** cake.
- She **is sitting** on the chair.
- We **are learning** English.

Bei negativen Sätzen ergänzen wir das Hilfsverb „(to) be" um das kleine Wörtchen „not". Das sieht dann so aus:

Subjekt + Hilfsverb „(to) be" + not + Hauptverb im *present tense* mit Endung *-ing* + Objekt (aber nicht immer)

- I **am not (I'm not) making** dinner. You **are not (aren't) running.**
- Peter **is not buying** this bike.
- Tom and Sarah **are not (aren't) waiting** for the bus.

Das *present continuous* kann natürlich auch verwendet werden, um Fragen zu stellen. Der Satzbau verändert sich in dem Fall wie folgt:

Hilfsverb „(to) be" + Pronomen + Hauptverb im *present tense* mit Endung -ing + Objekt (aber nicht immer)

- **Am I making** myself clear?
- **Is** he **coming** to the movies?
- **Are** you **making** a cake?
- **Are** they **flying** back to Switzerland soon?

ACHTUNG!

Nicht alle Verben können im *present continuous* verwendet werden.

Jetzt wird's ein bisschen kompliziert. Lass dir gerne von jemandem helfen, wenn du das, was jetzt kommt, nicht so richtig verstehst.

Als *normal verbs* (normale Verben) bezeichnen wir diejenigen Verben, die eine Tätigkeit benennen, die in der Regel körperlich ausgeführt wird und bei der man zuschauen kann. Diese Verben können in allen Zeitformen verwendet werden – also auch im *present continuous*.

Beispiele für *normal verbs* sind unter anderem:

run, walk, eat, swim, jump, talk, say, ride, etc.

Als *non-continuous verbs* (nicht kontinuierliche oder nicht fort-laufende Verben) bezeichnen wir diejenigen Verben, die Tätig-keiten beschreiben, die man **nicht** sehen kann.

Beispiele für *non-continuous verbs* sind unter anderem:

be, want, need, seem, like, love, hate, fear, etc.

Diese Verben müssen in der Gegenwartsform immer im *simple present* verwendet werden:

- He needs help right now. ☺
- He is needing help right now. ☹
- I want something to drink now.
- I am wanting a drink now. ☹

Wir benutzen das *present continuous*, um über eine Tätigkeit zu sprechen, die in der Vergangenheit begonnen hat und auch *jetzt* noch passiert. Wir können es auch in seiner verneinenden Form verwenden, um über etwas zu sprechen, das *jetzt* nicht passiert. Zum Beispiel:

- You **are learning** English now.
- You **are not walking** now.
- **Are** you **eating** dinner?
- I **am not sitting**. I **am standing**.

Längere Aktionen, die jetzt gerade im Gange sind

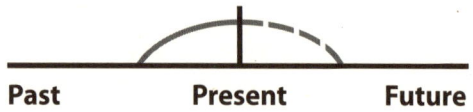

Das *present continuous* wird auch verwendet, um über eine Tätigkeit zu sprechen, die in der Vergangenheit begonnen hat, weiterhin andauert und noch nicht abgeschlossen ist.

Diese Tätigkeit wird vielleicht nicht *jetzt* in diesem Moment ausgeführt, aber sie ist Teil unserer Gegenwart.

Beispiele hierfür sind:

- I **am studying** to be a doctor.
- Lily and I **are reading** Bartmann's grammar book.
- She **is not reading** any books right now.
- I **am not studying** to be a teacher.

Nahe Zukunft

Wir benutzen das *present continuous* auch, um über Handlungen zu sprechen, die erst in der Zukunft passieren werden, aber bereits geplant oder absehbar sind. Meist ist damit die nähere Zukunft gemeint.

212

ACHTUNG!

Denke daran, dass die Zeit immer am Ende des Satzes steht:

- I am going to the store in 5 minutes.
- We are meeting friends for dinner.
- They are going to Rome in a month.
- Is he coming to the party next weekend?

Puh, das war harter Stoff! Wenn du dir jetzt denkst, *das ist mir zu kompliziert, ich lerne lieber* present tense, *ist ja schließlich auch Gegenwart,* dann muss ich dich leider enttäuschen: Wir benutzen das *present continuous* sehr oft! Die meisten unserer Gespräche werden in dieser Zeitform geführt. Wir sprechen eben gerne über Dinge, die jetzt gerade passieren oder bald passieren werden. Übe diese Zeitform und ihre Verwendung also mit deinen Freunden, bis du es richtig draufhast! Das wird dein Englisch auf ein ganz neues Level bringen.

Übung ✦ ☆

Aufgabe 1: Lies noch einmal die Geschichte auf S. 204 und kreise alle Verben im *present continuous* ein, die du findest.

Aufgabe 2: Setze die Verben in den folgenden Beispielen entweder ins *simple present* oder *present continous*.

1. Every Monday, Julia _____ (drive) her kids to school.

2. Shhh! Be quiet! The baby _____ (sleep).

3. Don't forget your umbrella. It _____ (rain).

4. It always _____ (rain) in Germany.

5. I can't hear what you _____ (say) because everybody _____ (talk) so loud.

6. The chocolate _____ (be) from Switzerland.

7. Why is everybody _____ (run) towards town?

8. I _____ (go) to the store later. Do you need anything?

9. We _____ (go) to Thailand next winter!

10. I _____ (make) a TikTok video right now!

11. Bartmann _____ (make) cool TikTok videos.

12. We _____ (need) a big tent for our summer holidays!

13. They _____ (eat) ice cream in front of the shop.

15 ★

I finally arrived in Berlin

My final destination! My journey ended here. What a fantastic place to end an epic adventure. Berlin is definitely one of my favourite cities in the world, and the place that I now live.

Even **at first sight**, I thought to myself: "Gee, I bet this would be a nice place to live." Who wouldn't want to live in this amazing city?

People come to this city for many different reasons. It could be for work, the **nightlife**, the English speaking community, etc. What I love most about this city is that it **allows** you to be whoever you want to be. I was ready to explore this cool city!

I arrived at my destination – Warschauer Straße. I **headed across** the bridge to check out this burger restaurant that I'd heard about back in Australia. It was said that this burger restaurant was once a **public convenience**. (If you don't know what this is, ask your Grandparents.) What a crazy idea, but I like to try **a whole bunch** of weird stuff.

The line at the burger restaurant was massive. It was probably about an hour wait. I didn't mind. I was happy to just **watch people**.

As you may know, I didn't speak German my first year in Germany. And here I was about to try and order something. "Ja, guten Tag. Uhhhh. Ein Burger, bitte." The waiter just **smirked** at me and simply said, "That'll be 5 Euros, thanks," in English.

It was huge and it was so delicious. That was by far the best burger in a **former** public convenience that I have ever had!

I could go on about my adventures here, but unfortunately all great journeys come to an end. However, I'm still living here. So is it really over?

Ich kam endlich in Berlin an

Mein letztes Ziel! Meine Reise endete hier. Was für ein fantastischer Ort, um ein episches Abenteuer zu beenden. Berlin ist definitiv eine meiner Lieblingsstädte auf der Welt und der Ort, an dem ich jetzt lebe.

Schon **beim ersten Anblick** dachte ich mir: „Mensch, ich wette, das wäre ein schöner Ort zum Leben." Wer würde nicht in dieser faszinierenden Stadt leben wollen? Die Menschen kommen aus vielen verschiedenen Gründen in diese Stadt. Sei es wegen der Arbeit, des **Nachtlebens**, der englischsprachigen Gemeinschaft etc. Was ich am meisten an dieser Stadt liebe, ist, dass sie dir **erlaubt**, zu sein, wer immer du sein willst. Ich war bereit, diese coole Stadt zu erkunden!

Ich kam an meinem Ziel an - der Warschauer Straße. Ich **ging über** die Brücke, um dieses Burger-Restaurant auszuprobieren, von dem ich in Australien gehört hatte. Es heißt, dass dieses Burger-Restaurant einst eine **öffentliche Bedürfnisanstalt** war. (Wenn du nicht weißt, was das ist, frag deine Großeltern.) Was für eine verrückte Idee, aber ich probiere gerne **eine ganze Reihe** von seltsamen Sachen aus.

Die Schlange vor dem Burger-Restaurant war riesig. Es war wahrscheinlich eine Stunde Wartezeit. Mir machte das nichts aus. Ich war zufrieden damit, einfach nur **Leute zu beobachten**.

Wie du vielleicht weißt, habe ich in meinem ersten Jahr in Deutschland kein Deutsch gesprochen. Und hier war ich nun und wollte versuchen, etwas zu bestellen. „Ja, guten Tag. Ähhhh. Ein Burger, bitte." Die Bedienung **grinste** mich nur an und sagte einfach: „That'll be 5 euro, thanks", auf Englisch.

Er war riesig und er war so lecker. Das war mit Abstand der beste Burger in einer **ehemaligen** öffentlichen Bedürfnisanstalt, den ich je hatte!

Ich könnte noch weiter von meinen Abenteuern hier erzählen, aber leider kommen alle großen Reisen zu einem Ende. Wie auch immer, ich lebe immer noch hier. Ist es also wirklich vorbei?

Vokabeln

Nomen | *nouns*

Englisch	Deutsch
nightlife	Nachtleben
public convenience	öffentliche Bedürfnisanstalt

Verben | *verbs*

Englisch	Deutsch
(to) allow	erlauben
(to) head	gehen
(to) smirk	grinsen

Adjektive	*adjectives*
Englisch	Deutsch
former	ehemalig

Präpositionen	*prepositions*
Englisch	Deutsch
across	über

Redewendungen	*figures of speech*
English	Deutsch
at first sight	beim ersten Anblick
a whole bunch	eine ganze Reihe
(to) watch people	Leute beobachten

Einfache Vergangenheit | *simple past*

Wir sind nun im letzten Kapitel des Buches angelangt. Herzlichen Glückwunsch, dass du es bis zum Ende geschafft hast. Wenn du noch mal schaust, wo du angefangen hast, hoffe ich, dass du sehen kannst, wie weit du gekommen bist und wie viel du gelernt hast. Ich bin stolz auf dich.

Wenn du mit diesem Kapitel fertig bist, wirst du in der Lage sein, in allen drei Zeitformen zu sprechen: Du kennst dann eine Vergangenheitsform und zwei Gegenwartsformen – und mit dem *present continuous* kannst du ja auch schon einen Blick in die Zukunft werfen! Das ist ziemlich cool!

Worauf warten wir also noch? Lass uns loslegen. Wir lernen jetzt das *simple past*!

Wie das Präsens (die Gegenwart) hat auch das Präteritum (die Vergangenheit) mehrere verschiedene Zeitformen, um auszudrücken, wann Dinge passiert sind. Wir beginnen mit dem Fundament aller Vergangenheitsformen, dem *simple past*, der „einfachen Vergangenheit" also. Wenn du weiterhin Englisch lernst, wirst du darauf aufbauen können. Denn so wie du ein solides Fundament brauchst, um ein gutes Haus zu bauen, brauchst du auch ein solides Fundament, um deine Sprachkenntnisse aufzubauen.

Beginnen wir mit der Definition des *simple past* und der Frage, wann wir es verwenden.

Das dürfte dir sehr bekannt vorkommen, oder? Das *simple past* ist nämlich dem *simple present* sehr ähnlich, das wir uns in Kapitel 13 angeschaut haben. Genau wie das *simple present* kann auch das *simple past* positive Sätze, negative Sätze und die Frageform bilden.

Wenn wir das *simple past* lernen, kommen wir allerdings an einer berühmt-berüchtigten Schar kleiner Grammatik-Monster nicht länger vorbei: **die unregelmäßigen Verben**. Weil sie kleine Monster sind, pfeifen sie auf jede Ordnung. Sie können aber auch ziemlich niedlich sein. Es ist am besten, keine Angst vor ihnen zu haben. Es gibt zwar recht viele von ihnen, aber je öfter du die unregelmäßigen Verben benutzt, desto selbstverständlicher werden sie dir vorkommen. Auswendig lernen und vor allem viel Englisch sprechen – so kannst du schnell zum Monster-Meister werden.

Wenn es *un*regelmäßige Verben gibt, gibt es aber auch **regel-mäßige Verben**, das ist ja klar. Mit den regelmäßigen Verben ist es kinderleicht, positive Sätze im *simple past* zu bilden.

Ich schlage vor, genau wie in Kapitel 13 fangen wir mit dem Verb „(to) be" an, weil es auch hier wieder eine Besonderheit gibt – und weil es nun mal von allen Verben das wichtigste ist. Anschließend kommen wir zu den regelmäßigen und dann zu den unregelmäßigen Verben. Alles klar? Alles klar!

Das Verb (to) be im *simple past*

	Singular	Plural
1. Person	I was *Ich war*	We were *Wir waren*
2. Person	You were *Du warst*	You were *Du warst*
3. Person	He/She/It was *Er/Sie/Es war*	They were *Sie waren*

Die Verneinung funktioniert genau wie im *simple present*, nämlich indem wir das Wörtchen „not" hinzuholen:

	Singular	Plural
1. Person	I was not (wasn't) *Ich war nicht*	We were not (weren't) *Wir waren nicht*
2. Person	You were not (weren't) *Du warst nicht*	You were not (weren't) *Ihr wart nicht*
3. Person	He/She/It was not (wasn't) *Er/Sie/Es war nicht*	They were not (weren't) *Sie waren nicht*

Bilden wir doch gleich mal ein paar Sätze:

I was tired.
Ich war müde.

He was hungry.
Er war hungrig.

They weren't sad.
Sie waren nicht traurig.

You weren't happy.
Du/Ihr warst/wart nicht glücklich.

Und damit kommen wir auch schon zu den regelmäßigen Verben …

Positive Sätze mit regelmäßigen Verben im *simple past*

Bei den regelmäßigen Verben braucht es nur einen kleinen Trick, um **positive Sätze im *simple past*** zu bilden: Du nimmst die Stammform des Verbs und hängst einfach ein „ed" oder „d" an. Ich zeige es dir kurz am Beispiel der Verben „wait" und „love".

	wait		love	
	Singular	Plural	Singular	Plural
1. Person	I wait**ed** *Ich wartete*	We wait**ed** *Wir warteten*	I lov**ed** *Ich liebte*	We lov**ed** *Wir liebten*
2. Person	You wait**ed** *Du wartetest*	You wait**ed** *Ihr wartetet*	You lov**ed** *Du liebtest*	You lov**ed** *Ihr liebtet*
3. Person	He/She/It wait**ed** *Er/Sie/Es wartete*	They wait**ed** *Sie warteten*	He/She/It lov**ed** *Er/Sie/Es liebte*	They lov**ed** *Sie liebten*

Ist das nicht toll? Selbst in der 3. Person Singular wird bei den regelmäßigen Verben im *simple past* nicht aus der Reihe getanzt! Wie das dann in einfachen positiven Sätzen aussieht, kannst du dir vorstellen. So nämlich:

I wanted an ice cream.
Ich wollte ein Eis.

She needed a pen.
Sie brauchte einen Stift.

They liked his video.
Sie mochten sein Video.

● **Die unregelmäßigen Verben folgen dieser Regel nicht. Zu ihnen kommen wir gleich noch.**
● Verben, die auf „y" enden, bekommen eine Spezialbehandlung, aber nur, wenn vor dem „y" ein Konsonant steht. Aus „hurry" wird dann zum Beispiel **„hurried"**, aus „envy" wird **„envied"**. Das „y" wird also durch ein „i" ersetzt, dann hängen wir „ed" für das *simple past* an.

Negative Sätze im *simple past*

Für **negative Sätze im** *simple past* verwenden wir das Hilfsverb „do not (don't)" in seiner Vergangenheitsform: **„did not (didn't)"**. Das Hauptverb bleibt immer in seiner **Stammform**. Es funktioniert also wieder fast genauso wie das *simple present*.

Gehen wir das Ganze einmal kurz durch:

	Singular	Plural
1. Person	I did not (didn't) want *Ich wollte nicht*	We did not (didn't) want *Wir wollten nicht*
2. Person	You did not (didn't) want *Du wolltest nicht*	You did not (didn't) want *Ihr wolltet nicht*
3. Person	He/She/It did not (didn't) want *Er/Sie/Es wollte nicht*	They did not (didn't) want *Sie wollten nicht*

- „Did not (didn't)" dient als Hilfsverb; du benötigst also nur die Stammform des Hauptverbs. **Es spielt hier keine Rolle, ob das Hauptverb ein regelmäßiges oder ein unregelmäßiges Verb ist.**
- „Did not (didn't)" bleibt in allen Fällen gleich, also auch in der 3. Person Singular.

We did not like the movie.
Wir mochten den Film nicht.

Jana and Hannah did not go to the store.
Jana und Hannah gingen nicht in den Laden.

Stephanie didn't buy the popcorn.
Stephanie kaufte das Popcorn nicht.

Fragesätze im *simple past*

Sicher weißt du noch, was wir in Kapitel 13 über Fragesätze gelernt haben. Das ist auch sehr gut so, denn im *simple past* sieht die Sache ganz ähnlich aus. Fragen, auf die mit „yes" oder „no" geantwortet werden kann, können auch im *simple past* mit dem Hilfsverb „(to) do" gebildet werden, das dann natürlich anders aussieht, und zwar so: „Did …?"

	Singular	Plural
1. Person	Did I know …? *Wusste ich …?*	Did we know …? *Wussten wir …?*
2. Person	Did you know …? *Wusstest du …?*	Did you know …? *Wusstet ihr …?*
3. Person	Did he/she/it know …? *Wusste er/sie/es …?*	Did they know …? *Wussten sie …?*

Die 3. Person Singular verhält sich hier wie alle anderen Fälle. Negative Fragen stellen wir dementsprechend mit „didn't":

	Singular	Plural
1. Person	Didn't I know …? *Wusste ich nicht …?*	Didn't we know …? *Wussten wir nicht …?*
2. Person	Didn't you know …? *Wusstest du nicht …?*	Didn't you know …? *Wusstet ihr nicht …?*
3. Person	Didn't he/she/it know …? *Wusste er/sie/es nicht …?*	Didn't they know …? *Wussten sie nicht …?*

Ebenso können wir das Hilfsverb „(to) be" für Fragen verwenden, auf die mit „yes" oder „no" geantwortet werden kann. Diese Fragen sehen dann zum Beispiel so aus:

	Singular	Plural
1. Person	Was I happy? *War ich glücklich?*	Were we happy? *Waren wir glücklich?*
2. Person	Were you happy? *Warst du glücklich?*	Were you happy? *Wart ihr glücklich?*
3. Person	Was he/she/it happy? *War er/sie/es glücklich?*	Were they happy? *Waren sie glücklich?*

Die negativen Fragen sehen dann zum Beispiel so aus:

	Singular	Plural
1. Person	Wasn't I happy? *War ich nicht glücklich?*	Weren't we happy? *Waren wir nicht glücklich?*
2. Person	Weren't you happy? *Warst du nicht glücklich?*	Weren't you happy? *Wart ihr nicht glücklich?*
3. Person	Wasn't he/she/it happy? *War er/sie/es nicht glücklich?*	Weren't they happy? *Waren sie nicht glücklich?*

Wenn du „(to) be" als Hilfsverb und Fragewort verwendest, achte darauf, dass die 1. Person Singular und die 3. Person Singular mit „was/wasn't" gebildet werden.

Die negative Frageform wird in beiden Fällen gern verwendet, wenn der Fragesteller sich einer Sache nur vergewissern will oder ein „Nein" als Antwort erwartet.

Und auch hier können wir die Hilfsverben „(to) do" und „(to) be" in Fragestellungen mit Fragewörtern verbinden, um offene Fragen zu stellen:

Did you want some cake?
Wolltest du etwas Kuchen?

Did she listen to this cool song?
Hörte sie sich dieses coole Lied an?

Did they paint the walls?
Strichen sie die Wände?

How much cake did you want?
Wie viel Kuchen wolltest du?

When did she listen to the song?
Wann hörte sie das Lied?

Why didn't they paint the walls?
Warum strichen sie die Wände nicht?

Unregelmäßige Verben im *simple past*

Kommen wir nun zu meinen kleinen Monstern. Viele der Verben, die wir häufig verwenden, sind unregelmäßig. Am Ende des Buches auf S. 254 habe ich für dich eine Liste mit den unregelmäßigen Verben eingefügt.

Dass ein Verb unregelmäßig ist, erkennt man erst an seinen Vergangenheitsformen. Jedes Verb hat zwei Vergangenheitsformen, wir konzentrieren uns in diesem Buch aber nur auf eine davon.

Hier ist eine Liste mit zehn Beispielen für unregelmäßige Verben und wie wir sie im *simple past* verwenden. Wie du siehst, lieben sie die Unordnung. Es gibt keine Regel, mit der du dir merken kannst, wie ein unregelmäßiges Verb gebildet wird. Da hilft wirklich nur Lernen und Sprechen.

Present tense	Past tense	Beispiele
go	went	**I went home after school.** *Ich ging nach der Schule nach Hause.*
get	got	**You got a new haircut** *Du bekamst einen neuen Haarschnitt.*
know	knew	**She didn't know the way. Her sister knew it.** *Sie kannte den Weg nicht. Ihre Schwester kannte ihn.*
make	made	**They made a mess.** *Sie machten Unordnung.*
have	had	**You had no clue!** *Du hattest keine Ahnung!*

eat	ate	**I ate the whole pizza.** *Ich aß die ganze Pizza.*
ride	rode	**He rode his bike to school** *Er fuhr mit dem Fahrrad zur Schule.*
see	saw	**You saw the movie yesterday.** *Du sahst den Film gestern.*
sit	sat	**They sat in the second row.** *Sie saßen in der zweiten Reihe.*
run	ran	**We ran all the way.** *Wir rannten den ganzen Weg.*

Auch die unregelmäßigen Verben sehen in allen Personen gleich aus. Ich führe es dir am Beispiel von „have" kurz vor:

	Singular	Plural
1. Person	I had	We had
2. Person	You had	You had
3. Person	He/She/It had	They had

Achte darauf, was ich oben bei den Verben „know" und „see" gemacht habe. Bei Verneinungen und Subjektfragen verwenden wir das Verb nicht in seiner unregelmäßigen Form, sondern in der Stammform, ergänzt um „did not".

Negative Sätze mit unregelmäßigen Verben im *simple past*

She didn't run fast.
Sie rannte nicht schnell.

They didn't ride their bikes.
Sie fuhren nicht mit ihren Fahrrädern.

I didn't go home after school.
Ich ging nach der Schule nicht nach Hause.

Fragen mit unregelmäßigen Verben im *simple past*

Why did he go to the store?
Warum ging er in den Laden?

When did she take a bath?
Wann nahm sie ein Bad?

Did we get enough bread?
Bekamen wir genug Brot?

231

Bingo! Nun hast du alles über die einfache Vergangenheit gelernt. Und du hast auch dieses Buch beendet. Klopfe dir selbst auf die Schulter und sage dir: Herzlichen Glückwunsch!

Du darfst stolz auf dich sein. Du hast etwas Neues gelernt, auch wenn es sicher oft anstrengend und manchmal vielleicht sogar ein bisschen frustrierend war.

Ich bin wirklich stolz auf dich! Du kannst mir gerne eine Nachricht auf TikTok schicken, wenn du Fragen hast oder mir sagen willst, was du alles gelernt hast. Ich kann es kaum erwarten, von dir zu hören!

Übung ⭐

Aufgabe 1: Lies noch einmal die Geschichte auf S. 215 und kreise alle Verben im *simple past* ein, die du findest.

Aufgabe 2: Setze das Verb ins *simple past*.

1. help: _____

2. live: _____

3. go: _____

4. get: _____

5. have: _____

Aufgabe 3: Wandle die folgenden Sätze in Fragen um.

1. She liked the birthday cake.

   _____

2. The children visited their Grandparents.

   _____

3. Tanja washed the clothes yesterday.

   _____

4. The kids jumped from the tree.

   _____

5. Sarah's Mom waited for them outside.

Aufgabe 4: Trage in die unten stehenden Lücken das Verb in Klammern in seiner richtigen Form ein.

1. Naia _____ (open) her presents yesterday.

2. The baby _____ (cry) because he _____ (want) some milk last night.

15 geniale Tipps zum Englischlernen

1. Schaue regelmäßig kurze amerikanische Sitcoms.

2. Höre Musik mit englischen Texten. Übe mitzusingen, das wird deiner Aussprache helfen.

3. Übersetze Lieder mit englischen Texten ins Deutsche, damit du die Wörter lernen kannst.

4. Schaue YouTube- und TikTok-Videos auf Englisch.

5. Koche oder backe mit englischen Rezepten und/oder schaue dir englische Kochsendungen an.

6. Schaue alle englischsprachigen Filme auf Englisch mit deutschen Untertiteln. Wenn du sie gut verstehst, schalte auf englische Untertitel um.

7. Lies englische Bilderbücher mit kurzen Texten (Comics, Kinderbücher etc.)

8. Leihe Hörbücher aus und höre dir englische Geschichten an. Beginne mit denen, die du kennst, und probiere dann neue aus.

9. Nimm Unterricht auf Englisch in Dingen, die du magst (Kunst, Musik, Sport etc.). Es gibt eine Menge Angebote für Nachmittags- oder Wochenendaktivitäten auf Englisch für Kinder in ganz Deutschland.

10. Gehe in ein englischsprachiges Camp.

11. Stelle dein Telefon auf Englisch ein.

12. Mache einmal pro Woche einen englischen Tag mit deinen Freunden, an dem ihr beim Mittagessen nur Englisch sprecht.

13. Beschrifte alles in deinem Haus auf Englisch.

14. Hänge die unregelmäßigen englischen Verben neben deinem Spiegel im Badezimmer auf und lies sie täglich.

15. Lerne täglich ein neues englisches Wort. Es muss nicht unbedingt etwas Schwieriges sein. Schreibe es in einem Buch auf und bilde einen Satz damit. Versuche, das Wort an dem Tag manchmal zu benutzen.

Give me a high five, you have made it! Keep on practising and remember: Always have fun!

Afterword

Congratulations! You've finished this book. I hope that you have learned a lot and that it was fun for you.

As I said throughout the book, learning a language is not easy. It takes time, patience, dedication and concentration. Give yourself the space to let all of this new information sink in. Practice your English as much as possible and don't be afraid to make mistakes. Making mistakes is totally okay. Even more, it's actually a very good way to learn.

When you feel frustrated because you don't understand or it's just not making sense, I'd like for you to use these mantras to help you along:

"When it's hard, that means that I am challenging my brain and learning."

"Everything takes effort, especially if it's something new."

The great thing about English grammar is that it doesn't ever change. Keep this book around and whenever you need it, use it. It will help to brush up on your English.

I'd love for you to write a comment about this book. Is there anything that you particularly loved and worked well for you? Is there something that you're still struggling with?

I actually want English to be really fun for you! Things that are fun we do with more joy. The things we do with joy make others happy and it just keeps going. So let's continue having fun. Keep trying and keep it positive, even if it's sometimes hard. You can do this!

Antworten

1. Nomen

Singular	Plural
track	tracks
Harry Potter	------
London	------
London	------
fairytale	fairytales
Harry Potter	------
Harry Potter	------
fan	fans
book	books
film	films
Hogwarts	------
castle	castles
student	students
witchcraft	------
wizardry	------
dream	dreams
wizard	wizards
London	------
Harry Potter	------
Warner Bros. Studios	------
movie	movies
Bertie Botts Beans	------
chocolate frog	chocolate frogs
butter beer	butter beers
stuff	------
Diagon Alley	------

train	trains
student	students
Hogwarts	------
glimpse	glimpses
Gringotts Bank	------
model	models
castle	castles
Hogwarts	------
TikTok	------
video	videos
thing	things
studio	studios
clip	clips
butter beer	butter beers
backing track	backing tracks
day	days
Hogwarts	------
fun	fun
thing	things
city	cities
London Eye	------
Ferris wheel	Ferris wheels
Europe	------
city	cities
tour	tours
nook	nooks
cranny	crannies
city	cities
London	------
thing	things

2. Artikel

AUFGABE 1:

Unbestimmte Artikel	Bestimmte Artikel
Let's make **a** TikTok video	**the** road
need **a** break	**the** van
"I'm going to make **a** TikTok video."	**the** beauty
	the morning
I had **an** idea	**The** waterfall
I would make **a** TikTok vlog	to **the** waterfall
a huge waterfall	**the** trail
a great spot	**the** waterfall
a big rock	**the** ground
a great view	**the** field
a big tree	**the** two of them
a mouse	**The** waterfall
a hole	**the** sunshine
a squirrel	**the** perfect shot
a rainbow	**the** waterfall
a few quick takes	**the** light
a title	**the** frame
a great opportunity	**the** shot
	the video
	the future
	the world
	The only question
	the rest of my day
	the first one

3. Personalpronomen

AUFGABE 1:

I love Paris!

I was in the land of food.

I was in Paris!

It has some of the most famous food in the world.

It also has famous museums and sights.

Do **you** know what the most famous landmark in Paris is?

My plan today was to visit **it**.

I arrived at the metro station closest to the Eiffel Tower.

I got out and stood underneath the tower.

I've never seen anything so big in **my** life.

I saw a few teens making a TikTok video.

As **you** may know, I know all about TikTok!

I decided to go and say hi to **them**.

They immediately recognised **me**.

"**He** makes funny TikTok videos in school."

I asked **them** if I could join in making **their** TikTok videos.

They were making a TikTok video where **you** can swipe left or right to decide on the things **you** like best.

They asked **me**

While I was thinking about my answer, I accidently tripped and fell over.

It was really funny!

I asked if **they** wanted to reshoot **it**.

They thought **it** was so funny that **they** wanted to keep **it**.

I said goodbye

It was such a beautiful view!

I could see across the entire city

I would never forget

AUFGABE 2:

1. it = baguette
2. she = Lily
3. me = I
4. he = Bartmann
5. them = Bartmann and his friends
6. her = Janina
7. us = Tom and I
8. we = family and I
9. him = Bartmann
10. I = Bartmann

4. Zählbare und nicht zählbare Nomen

AUFGABE 1:

many stones

much history

many pictures

many big houses

a lot of furniture

many stone roads

a lot of graffiti

many people

AUFGABE 2:
1. much/a lot of
2. many/a lot of
3. much/a lot of
4. much/a lot of
5. much/a lot of
6. many
7. many/a lot of
8. much/a lot of
9. many/a lot of
10. much
11. many
12. many
13. many

5. Demonstrativpronomen

AUFGABE 1:

These adventurous days

This is a yearly race

This was terrifying!

That was the finish line!

This was one exciting day.

Those bulls were so scary.

This long day full of adventure had worn me out.

AUFGABE 2:
1. this, this
2. that, that
3. these
4. this
5. those
6. this

AUFGABE 3:
1. Those are computers.
2. These are pens.
3. This is a mountain.
4. That is a car.
5. These are cats.
6. That is a bull!
7. Are those newspapers?

6. Possessivpronomen

AUFGABE 1:

My journey into the unknown …

The long, winding roads can be really exhausting when **you**'re driving alone.

I got out **my** old iPad.

Back in the map I continued **my** circle strategy

I played a few rounds more before continuing **my** journey.

AUFGABE 2:

1. Their
2. my
3. her
4. yours
5. ours
6. its
7. his
8. mine
9. Our
10. theirs

7. Indefinitpronomen, die sich auf Personen beziehen

AUFGABE 1:

Has **anyone**

Somebody I met

is there **something**

No one was around to ask

AUFGABE 2:

1. anyone/anybody
2. somebody/someone
3. no one/nobody
4. Somebody/Someone
5. No one/Nobody
6. somebody/someone

AUFGABE 3:

1. some
2. any
3. some
4. any

8. Hauptsätze und Nebensätze

1. I took a walk after I ate dinner.
2. I read a magazine while I was waiting.
3. Although it is hot, I like the weather in Australia.
4. Once I get a good book, I will learn English.
5. I can watch a movie if I finish my homework.
6. After I came home from school, I watched TikTok videos.
7. I still have to go to school although I am tired.
8. While my Mom cooked dinner, I played with my baby brother.
9. I'll go outside once the rain stops.
10. If my grades are good, I can get a new computer.

9. Verneinende Sätze

AUFGABE 1:

I **didn't** get lost in York

I **didn't** even know where I was anymore.

There **weren't** any street signs.

I **didn't** need to worry

I realized that **it's not** an easy thing to do.

I **couldn't** believe it.

It **wasn't** like my normal TikTok videos.

AUFGABE 2:

1. He won't/will not ride his bike to school.
2. You can't/cannot have my pencil.
3. I don't/do not want to go to the store later.
4. You don't/do not need a sweater.
5. They aren't/are not going to the party tonight.

AUFGABE 3:

1. We will eat dinner at home.
2. They like my taste in music.
3. She should shower everyday.
4. He runs very fast.
5. I am happy with my test scores.

10. Fragewörter

AUFGABE 1:

What do I want to explore in Gran Canaria?

Where to?

"What is it?"

AUFGABE 2:
Lass deine Eltern oder jemanden, der gut Englisch spricht, deine Antworten überprüfen. Dies ist eine Freestyle-Übung!

11. Hilfsverben

AUFGABE 1:
I'm having a great time in Zadar!

I should **have** known

I forget where **I'm** traveling because **I've** been on the road

I **haven't** done that

It's been about six months since I **had** ridden a wave

that **I've** learned about surfing

like **you've** achieved

AUFGABE 2:
1. is
2. does
3. are
4. do
5. are
6. do
7. Does
8. Do
9. am
10. is

12. Modalverben

AUFGABE 1:

Why you **must** eat a "zapiekanka" in Kraków

as my mother **would** say

where **would** I find

I **should** just look this up

I **could** definitely wait

I **could** check out

This **would** pass the time

AUFGABE 2:

1. Could
2. couldn't
3. can't
4. can
5. can't
6. must
7. may
8. Could
9. Could
10. may
11. Can
12. have
13. should

13. Präsens

AUFGABE 1:

Everytime I **hear**
I always **think**
Something about Budapest **reminds** me
It **is** made of 100 pairs of metal shoes
It **honors** the Jewish people
as this s**ounds**
it **is** important to **retell** stories like this
It not only **helps** us **remember** the cruelties
it also **is** a warning to **remind** us
I could **tell** this tragic story and **explain**
I'**m** so happy
learn more about this important subject

AUFGABE 2:

1. am
2. He plays
3. go
4. Is she
5. like
6. Are they
7. rides
8. is he
9. do not play
10. is not

11. are

12. Do we make

13. is

14. Does the cat eat

15. am not

14. Verlaufsform der einfachen Gegenwart

AUFGABE 1:

I **am doing** a great job.

I **am getting** hungry

I'**m going** to reach the peak very soon.

AUFGABE 2:

1. drives

2. is sleeping

3. is raining

4. rains

5. are saying. is talking

6. is

7. running

8. am going

9. are going

10. am making

11. makes

12. need

13. are eating

15. Einfache Vergangenheit

AUFGABE 1:

I finally **arrived** in Berlin

My journey **ended** here

I **thought** to myself

I **was** ready to explore this cool city!

I **arrived** at my destination

I **headed** across the bridge

It **was** said that this burger restaurant **was** once a public convenience.

The line at the burger restaurant **was** massive.

It **was** probably about an hour wait.

I **didn't** mind.

I **was** happy to just watch people.

I **didn't** speak German

And here I **was**

The waiter just **smirked** at me and simply **said**

It **was** huge and it **was** so delicious.

That **was** by far the best

AUFGABE 2:

1. helped
2. lived
3. went
4. got
5. had

AUFGABE 3:

1. Did she like the birthday cake?
2. Did the children visit their Grandparents?
3. Did Tanja wash the clothes yesterday?
4. Did the kids jump from the tree?
5. Did Sarah's Mom wait for them outside?

AUFGABE 4:

1. opened
2. cried, wanted

50 most common irregular verbs

Present tense	Past tense	Past participle
become	became	become
break	broke	broken
bring	brought	brought
build	built	built
buy	bought	bought
choose	chose	chosen
come	came	come
cut	cut	cut
draw	drew	drawn
drive	drove	driven
eat	ate	eaten
fall	fell	fallen
feel	felt	felt
find	found	found
get	got	gotten
give	gave	given
go	went	gone
grow	grew	grown
hear	heard	heard
hold	held	held
keep	kept	kept
know	knew	known

lead	led	led
leave	left	left
let	let	let
lie	lay	lain
lose	lost	lost
make	made	made
mean	meant	meant
meet	met	met
pay	paid	paid
put	put	put
read	read	read
rise	rose	risen
run	ran	run
say	said	said
see	saw	seen
send	sent	sent
set	set	set
show	showed	shown
sit	sat	sat
speak	spoke	spoken
spend	spent	spent
stand	stood	stood
take	took	taken
tell	told	told
think	thought	thought
understand	understood	understood
wear	wore	worn
write	wrote	written

144 Seiten
9,99 € (D) | 10,30 € (A)
ISBN 978-3-7474-0300-6

Tim Nießner

Der Zeugnisretter

Wie du gechillt durch die
Schule kommst, ohne groß
zu lernen

Die Zeugnisvergabe rückt näher, aber deine Noten sehen eher mau aus? Doch noch ist nichts zu spät! Abiturient Tim Nießner zeigt dir, wie du die Kurve kriegst, und zwar ganz ohne stumpfes Auswendiglernen. Tim selbst hat es geschafft, seine schlechten Noten hinter sich zu lassen, und weiß daher aus erster Hand, welche Tipps und Tricks wirklich helfen, um ohne viel Stress die Schule zu meistern. Anhand seines Drei-Phasen-Systems erklärt er, wie du Schritt für Schritt deine Noten in kürzester Zeit verbessern kannst, ohne als Streber dazustehen, damit es am Ende ganz klar heißt: Versetzung ungefährdet!